Long Live
Sex and the City

AUDREY HAENSLER

LONG LIVE SEX AND THE CITY

HÉRITAGES DE LA SÉRIE CULTE

le cherche midi

Vous pouvez consulter notre catalogue général
et l'annonce de nos prochaines parutions sur notre site :
www.cherche-midi.com

92, avenue de France
75013 Paris
info@lisez.com

Fabrication : Marie-Cécile Clarens
Correction : Laure Sanoner
Composition : Facompo
Dépôt légal : juin 2025
ISBN : 978-2-7491-8280-3

NOTE DE L'ÉDITEUR

Tous les dialogues cités dans le texte sont en anglais, dans leur version originale. Leur traduction se trouve systématiquement en note de bas de page. Elle correspond au doublage officiel, diffusé sur les ondes de M6 les vendredis soir en seconde partie de soirée.

Les notes numérotées qui apparaissent dans le texte renvoient aux références bibliographiques. Elles se trouvent en fin d'ouvrage, pour celles et ceux qui voudraient consacrer les deux prochaines années de leur vie à l'étude de *Sex and the City*.

INTRODUCTION

Août 2024 : ce projet d'ouvrage est lancé voilà maintenant quelques mois lorsque, en vacances, je me casse un orteil contre un rocher. Comme je suis assignée à résidence, mon revisionnage déjà intensif de *Sex and the City* s'accélère encore. Rapidement je tombe sur l'épisode dans lequel Samantha, farouche indépendante, voulant fuir un geste de tendresse de son petit ami Smith, tombe dans les escaliers d'un entresol new-yorkais et se casse, elle aussi, un doigt de pied (S6EP11). La scène suivante la voit rejoindre Carrie en claudiquant, un pied chaussé d'un talon haut, l'autre d'une chaussure de barouk (objet orthopédique hideux dont j'ai appris le nom quelques semaines auparavant) : mon quotidien rejoint la fiction. Je m'amuse de la coïncidence, poste un extrait de la scène sur Instagram et récolte, dans les heures qui suivent, beaucoup de réponses enthousiastes d'amies et d'amis qui s'exclament : « C'est ma préférée ! », « J'y ai pensé tout de suite quand tu t'es cassé le pied », etc. Dans la vie réelle aussi, plusieurs personnes me font la remarque spontanément : « Oh, ça me rappelle l'épisode où Samantha tombe dans une poubelle » (les souvenirs sont parfois flous et inexacts, mais force est de constater que l'image, elle, reste).

Cette anecdote anodine s'inscrit dans un kaléidoscope de coïncidences similaires où je constate, depuis quelques mois, alors que je n'ai encore rien dit de ce projet, à quel point il est fait référence à *Sex and the City* fréquemment autour de moi. Il faut dire que j'ai trente-trois ans, et que la génération qui m'entoure a grandi avec les rediffusions de *Sex and the City* sur M6 le vendredi soir en deuxième partie de soirée, souvent regardées clandestinement, à l'abri du regard des parents déjà couchés. Mais les échos et clins d'œil à cette série ne se limitent pas aux *aficionadas* de popculture et aux discussions feutrées entre amies : ils se manifestent aussi dans ma sphère professionnelle, pourtant souvent marquée d'élitisme, dans les podcasts que j'écoute, dans les séries que je consomme, dans les devantures de magasins et dans les titres de films ou de livres qui jouent sur le paronyme. Sur Instagram, les influenceuses les plus en vue rejouent des scènes de la série, parodient les scènes cultissimes de *think and type* qui voient Carrie taper à l'ordinateur devant sa fenêtre, reprennent ses mimiques et ses intonations… *Sex and the City* est, en somme, partout.

Et c'est là l'angle principal de cet ouvrage, qui entend s'interroger sur l'héritage d'une série qui marque durablement à la fois l'histoire de la télévision et plusieurs générations de spectatrices et de spectateurs, aux États-Unis comme en France. Aussi adorée que critiquée, tantôt pour son côté trop fleur bleue, son apologie d'un consumérisme décomplexé ou encore pour ses manquements en matière de représentation d'une diversité ethnique et de classe, *Sex and the City* déchaîne les passions.

Lorsque HBO diffuse, à l'été 1998, les premiers épisodes de la série, la presse s'en donne à cœur joie. Les critiques ne masquent pas leur dédain pour ce nouvel objet culturel qu'ils jugent superficiel, dénué de valeur artistique, et immature, des reproches teintés d'une forme de misogynie dont souffrent tous les genres dits « féminins ». Du roman sentimental à la comédie romantique, la *chick lit* et les *chick flicks* (littéralement la « littérature de poulettes » et « films de poulettes »), comme on les appelle avec condescendance, emportent rarement l'adhésion et l'aval des critiques « sérieux ». On reproche à *Sex and the City* d'avoir transformé Sarah Jessica Parker en « marché aux puces ambulant » et, plus généralement, de l'avoir « rendue moche » (Tom Shales pour le *Washington Post*), on affirme que c'est un parangon d'égocentrisme et de superficialité (Steve Johnson pour le *Chicago Tribune*), que la série est irréaliste – quelle *working woman* qui se respecte irait boire des cocktails et coucher avec des inconnus jusqu'au lever du soleil (Eric Mink pour le *Daily News*) ? –, qu'elle est « dégoûtante » ou au contraire trop timorée, ou encore, et c'est peut-être la critique la plus amusante, qu'elle fait preuve de sexisme inversé envers les hommes en les transformant en objets sexuels plutôt que de les montrer dans toute leur complexité (Tom Shales à nouveau, à propos de la deuxième saison). En France, la réception est plus difficile à mesurer, faute d'une véritable tradition en matière de critique de séries. Celles-ci ont longtemps été perçues, avec une bonne dose de snobisme et de mépris de classe, comme un divertissement de masse qui ne mérite pas qu'on s'y attarde. Il faudra attendre la fin des années 2000 pour que des journaux comme *Le Monde*, *Télérama* ou *Les Inrocks* lancent des rubriques consacrées aux fictions sérielles, et la fin des années 2010 pour que de vraies voix, à la manière des critiques littéraires ou cinéma, émergent dans le domaine des séries*. Sur le site *SensCritique*, on retrouve néanmoins des commentaires d'amateurs qui se montrent prodigieusement fielleux à l'égard de *Sex and the City*, en des termes bien plus vulgaires que ne le permettrait la critique professionnelle aux États-Unis comme en France.

Malgré ces critiques acerbes, le succès est au rendez-vous, et la série attire chaque semaine aux États-Unis puis en France de plus en plus de téléspectateurs. Tout au long de sa diffusion, jusqu'en 2004, *Sex and the City* continue de faire couler beaucoup d'encre et de diviser la critique. Si certains ne manquent pas d'étaler leur dédain pour cette série de « poulettes », d'autres, et notamment les chercheuses féministes spécialisées en étude des médias, perçoivent très vite la complexité de cet objet ovni, complètement inédit dans le paysage audiovisuel. Les premiers travaux scientifiques d'envergure autour

---

* On pense à des Renan Cros, Pierre Langlais, Nora Bouazzouni ou Anaïs Bordages et Marie Tellier, par exemple, dans des chroniques ou émissions comme *Le Monde des séries*, *Peak TV* ou *Le Cercle séries*.

de *Sex and the City* voient le jour aux États-Unis et en Angleterre dès le milieu des années 2000. En France, il faudra attendre encore quelques années avant que l'université daigne s'intéresser sérieusement aux séries, après quoi plusieurs chercheuses choisissent de consacrer toute ou partie de leur thèse de doctorat à *Sex and the City*.

Mais c'est aussi dans les nouveaux médias que *Sex and the City* trouve une résonance toute particulière, avec une myriade de podcasts américains consacrés à la série, dont la plupart sont encore en cours de diffusion (*Sentimental in the City*, 2021 ; *We Couldn't Help But Wonder*, depuis 2017 ; *Every Outfit*, depuis 2021 ; *Sex and the City: The Rewatch*, 2020-2024…). En 2025, l'actrice Kristin Davis, qui incarne Charlotte, lance son propre podcast consacré à la série, intitulé « *Are You a Charlotte?* ». Plusieurs comptes Instagram recensent les répliques cultes* ou les tenues les plus extravagantes de la série**. Sur Reddit, sorte de forum géant sur lequel les membres discutent d'objets culturels et de sujets de société en tout genre, plusieurs centaines de fils de discussions épars sont ouverts çà et là sur la série, auxquels participent des millions d'utilisateurs et d'utilisatrices. Une sous-communauté spécifique s'est formée en 2021 sur la page r/sexandthecity, alimentée tous les jours par ses 71 000 membres, dont certains regardent la série pour la première fois. À mesure que de nouvelles générations découvrent la série émergent aussi des relectures

---

* *@sexandthecity_daily* ; *@satc_posts*

** *@everyoutfitonasatc*

contemporaines critiques – le monde dans lequel la génération Z grandit n'est plus le même que celui dans lequel évoluaient les quatre héroïnes de *Sex and the City*, et la série a, par certains aspects, mal vieilli, ou du moins perdu de sa superbe et de son côté transgressif.

Si la plupart des références citées plus haut proviennent du monde anglophone, *Sex and the City* a aussi marqué les esprits en France, du moins ceux des femmes qui ont aujourd'hui entre trente et soixante ans, et qui ont connu le temps des diffusions hebdomadaires sur M6 entre 2000 et 2008. Internet garde la trace des dizaines de discussions créées au début des années 2000 sur divers forums par les fans francophones de la série, qui s'émerveillent de l'audace des quatre amies – forums dont certains sont encore alimentés à ce jour par des débats autour du *reboot* ou des membres commentant la série originale à mesure qu'ils la revisionnent. *Sex and the City* s'est donc établie, en France aussi, comme une œuvre de référence dont on explore encore les héritages et les apports dans des podcasts, sur France Inter, dans la presse en ligne ou sur Arte*.

---

* « "Sex and the City", une révolution dans la représentation de la sexualité féminine », *Peak TV*, mars 2022 ; « *Sex and the city* – Tout savoir sur la série qui ose parler de sexe ! », *Previously : les séries cultes*, avril 2019 ; « Mymy & Soso (re)découvrent Sex & the City », *Mymy Haegel (mais en podcast)*, octobre 2024 ; « "Sex and the City" : série de talents aiguilles », émission *Blockbusters*, France Inter, août 2024 ; « "Sex and the City", vingt ans tout pile ! », France Inter, juin 2018 ; Anaïs Bordages, Marie Telling, « Même aujourd'hui, il faut reconnaître l'impact de "Sex and the City" », *Slate*, 27 février 2019 ; « Comment *Sex and the City* a décoiffé New York », *L'inspiration – Invitation au voyage*, Arte, 12 mai 2023.

Alors comment expliquer l'engouement qu'a rencontré *Sex and the City* à sa sortie ? Comment rendre compte, surtout, de la marque indélébile qu'elle laisse encore aujourd'hui dans la culture populaire et la culture sérielle française et états-unienne ? Alors que la franchise s'est entre-temps enrichie de deux films, d'un *prequel* plus confidentiel (*The Carrie Diaries*) et, très récemment, d'un *spin-off* intitulé *And Just Like That* qui met en scène trois des protagonistes désormais quinquagénaires, ce livre propose d'explorer les raisons qui expliquent le succès sans cesse renouvelé de la série, mais aussi d'en interroger les limites. Vingt-sept ans après la diffusion originale, après une décennie marquée par différents combats et victoires féministes* qui transforment profondément la société et l'industrie du cinéma et des séries, le propos porté par *Sex and the City* est-il toujours aussi juste ? Toujours aussi subversif ? *Sex and the City*, un temps révolutionnaire, est-elle désormais devenue *has been* ?

---

* Mais aussi antiracistes et LGBTQ+, on pense à #MeToo, à la légalisation du mariage gay ou aux campagnes #OscarsSoWhite et #BlackLivesMatter.

CHAPITRE 1

Making of d'une série culte

L'aventure *Sex and the City* commence à la fin de l'année 1994, lorsque le *New York Observer* commande à Candace Bushnell, journaliste freelance montante, une chronique hebdomadaire du même nom sur le milieu mondain à Manhattan. Afin de dépeindre les vicissitudes de la nuit new-yorkaise tout en protégeant l'anonymat de ses amis, Bushnell affuble tous ses personnages de pseudonymes (dont le désormais célèbre « Mr. Big »), et se construit pour elle-même un alter ego, Carrie – qui n'a encore qu'un prénom, le nom de famille Bradshaw ayant été créé pour les besoins de la série. Le premier article de la rubrique, publié le 28 novembre 1994, donne le ton : Bushnell y raconte avec un humour mordant et une bonne dose de sarcasme sa visite chez Le Trapèze, un club échangiste supposément branché dont lui a parlé l'un de ses amis. « Il fallait que je voie ça de mes propres yeux, écrit-elle. Et donc, c'était un mercredi soir, il y a une semaine ou deux, j'avais rentré deux évènements dans mon agenda : 21 heures, dîner chez Karl Lagerfeld, au Bowery Bar ; 23 h 30, Le Trapeze, East 27th Street. » Bushnell déclarera plus loin avec un mélange d'effroi et d'amusement non dissimulé que le club est en fait fréquenté par « des losers du New Jersey » (formule qu'elle emprunte à l'un des convives de Lagerfeld) et des « zombies sexuels pâles et grassouillets ».

Tous les ingrédients qui feront le succès de la rubrique, et plus tard de la série, sont déjà présents dans ce premier compte rendu : la posture d'anthropologiste des mœurs modernes adoptée par Bushnell, le *name-dropping* des grandes figures de la mode, un dédain marqué pour tout ce qui sort des frontières de New York (voire de Manhattan), l'humour mordant et le goût pour les sujets tabous. À mesure que les semaines passent, Bushnell abandonne définitivement la narration à la première personne et affine le personnage de Carrie, qui devient la narratrice cynique et désabusée de toutes ses explorations. Pour donner un tour encore plus fictionnel à ses aventures, Bushnell entoure Carrie d'une farandole d'autres personnages qui gravitent dans ses cercles sociaux. Parmi eux, Samantha Jones, productrice de cinéma quarantenaire friande d'hommes plus jeunes qu'elle, Miranda Hobbes, directrice exécutive d'une chaîne de télévision, et Charlotte York, une distante journaliste anglaise. Carrie n'entretient néanmoins de véritable amitié avec aucune de ces femmes – elles sont convoquées de manière fugace et indifférenciée dans ses articles, personnages très secondaires du récit qui se tisse de semaine en semaine.

Dans les hautes sphères de Manhattan, on s'amuse de reconnaître, derrière les pseudonymes choisis par Bushnell, tel magnat de la presse, telle princesse de l'Upper East Side, tel éditorialiste en vogue. Certains protagonistes sont nettement moins amusés par leurs alias : Clifford Streit, qui a inspiré le personnage de Stanford Blatch, le meilleur ami gay de Carrie, déclare que son alter ego télévisuel constitue « l'image gay la plus pathétique jamais montrée à l'écran ». Le lectorat est au début relativement réduit – qui pour s'intéresser aux tribulations du beau monde hormis ses propres membres ? – mais le ton irrévérencieux de Bushnell, sa gouaille typiquement new-yorkaise et ses clins d'œil à la vie politique locale* suscitent rapidement un intérêt plus large chez les habitants de la ville. En 1996, Bushnell publie aux éditions Atlantic Monthly une anthologie de ses meilleures chroniques dans un livre intitulé *Sex and the City*. Les critiques sont tièdes, mais le livre se vend. Surtout, il attire l'attention de plusieurs producteurs et professionnels du milieu du cinéma et de la télévision qui courtisent Bushnell et essaient de la convaincre de leur céder les droits pour adapter sa rubrique. Parmi eux, le scénariste Darren Star, jeune prodige de la télévision, qui compte à son palmarès plusieurs collaborations fructueuses avec le très respecté Aaron Spelling sur des *teen drama* à succès tels que *Melrose Place* ou *Beverly Hills*.

---

* L'un de ses articles, publié le 21 août 1995 et intitulé « Ville en chaleur ! La panique sexuelle s'empare de Rudy et Mr. Big », évoque avec malice l'effet aphrodisiaque de la canicule en cours sur tous les habitants de la ville, y compris Rudy Giuliani, alors maire de New York.

Darren Star et Candace Bushnell sont amis depuis que celle-ci a été mandatée par *Vogue* pour l'interviewer et faire son portrait en 1995. Lorsque, peu de temps après leur rencontre, Star emménage sur la côte Est, elle lui ouvre les portes du New York mondain, des restaurants branchés, des clubs à la mode et du Bowery Bar, une institution où se croisent artistes, musiciens et intelligentsia new-yorkaise. Star travaille alors sur son premier projet en solitaire, une série intitulée *Central Park West* diffusée sur la chaîne CBS, qui sera annulée après seulement 13 épisodes à l'été 1996. Darren Star, déçu, se met en quête d'un nouveau projet. Bushnell, qui n'arrive pas à se décider face aux sollicitations qu'elle reçoit de toutes parts, décide de confier ses chroniques à son ami. Elle lui vend les droits d'adaptation de son livre pour un montant qui reste à ce jour inconnu (un peu plus de 60 000 dollars[1]), et lui laisse le choix du format et surtout du médium dans lequel donner vie à Carrie et à ses histoires. La décision de Bushnell n'est pas anodine : en plus d'être un ami en qui elle a confiance, Star fait lui-même partie du monde dépeint par l'autrice. Il en connaît les protagonistes, les codes et les manières, et il saura les rendre fidèlement à l'écran. Dernier avantage, et pas des moindres : la journaliste pourra continuer à suivre de près ce qu'il advient de sa chronique et garder un œil sur la direction artistique de l'adaptation.

Malgré un début de carrière probant à la télévision, le premier amour de Darren Star est le cinéma, qu'il a temporairement laissé derrière lui après deux films peu remarqués par la critique[2]. Lorsqu'il acquiert les droits de *Sex and the City*, c'est donc tout naturellement qu'il pense, en premier lieu, en faire un film. Échaudé par son expérience avec la chaîne CBS, il veut retrouver la liberté de ton que permet le cinéma indépendant, seul vaisseau susceptible selon lui d'accueillir une satire sociale glamour et grinçante, parlant sans fard ni euphémismes de sexualité féminine et de relations sans lendemain dans la New York en pleine gentrification du milieu des années 1990.

Cependant, Darren Star dispose de davantage de crédibilité dans le milieu de la télévision, où il a déjà fait ses preuves. Les propositions les plus sérieuses de financement du projet proviennent elles aussi du monde de la télévision. Deux se démarquent particulièrement : celle d'ABC, l'une des trois grandes chaînes historiques aux États-Unis, et celle d'HBO, jeune chaîne du câble en plein essor. Jamie Tarses, la présidente de la société de production ABC Entertainment, est une fan invétérée de la chronique de Bushnell et une habituée des séries à succès. C'est à elle qu'on doit, dans son poste précédent chez NBC, le développement de l'iconique *Friends* (1994). Face à elle, Richard Plepler, vice-président de la communication chez HBO, cherche à fidéliser ses abonnés et séduire de nouveaux publics en produisant des programmes originaux novateurs et décalés, plus proches de l'esthétique indépendante que recherche Darren Star. Son choix final contribuera à faire de *Sex and the City* l'objet culte qu'elle est devenue. Réciproquement, la série jouera un rôle instrumental dans le succès de la stratégie promotionnelle de la chaîne en lui permettant de conquérir une large part d'audience féminine. Le générique de *Sex and the City* est d'ailleurs devenu indissociable, dans l'esprit de beaucoup de téléspectatrices, du *jingle* d'HBO qui le précède de quelques secondes : un écran neige accompagné d'un bruit d'électricité statique cède la place aux notes de marimba qui ouvrent le générique et à l'image de Carrie flânant dans la ville.

« *It's not TV. It's HBO.* »

Dans les années 1970 et 1980, HBO diffuse pour l'essentiel de sa programmation des blockbusters hollywoodiens (HBO est l'acronyme de Home Box Office, littéralement : Box-office à domicile), des documentaires et films indépendants, et des spectacles de stand-up. Mais la chaîne est surtout connue pour ses rediffusions d'évènements sportifs, au premier rang desquels les matches de boxe. Son public, de ce fait, est majoritairement masculin. Au milieu des années 1990, à mesure que la concurrence se développe, HBO se tourne plus sérieusement vers la production de créations originales, qu'elle veut racées et avant-gardistes, pour se démarquer des productions des grandes chaînes nationales et séduire de nouveaux publics. En 1997, la chaîne lance sa première série dramatique originale intitulée *Oz*, largement plébiscitée pour son réalisme sombre et son inventivité visuelle. L'année suivante, HBO frappe plus fort encore, avec une série aux antipodes d'*Oz* qui détonne dans sa grille de programmation : comique, glamour, subversive et résolument féminine, *Sex and the City* conquiert le cœur des spectateurs et surtout des spectatrices. Bien qu'on lui en attribue moins souvent le crédit (à cause d'une pointe de misogynie* ?) qu'à la série *Les Sopranos*, diffusée par la chaîne un an plus tard, c'est en grande partie grâce à elle qu'HBO gagne son pari et ses lettres de noblesse[3].

Là où les trois grandes chaînes américaines ou *networks* (ABC, CBS et NBC) cherchent à capter la plus large audience possible – familles avec enfants inclus –, HBO, elle, s'oriente vers un public de niche. Sa cible principale : les trentenaires urbains-bobos-haut diplômés. Les audiences sont plus restreintes mais le public est plus fidèle, et la stratégie s'avère lucrative. Contrairement aux chaînes historiques, financées en grande partie par la publicité, le modèle économique d'HBO repose sur un système d'abonnements. La chaîne ne dépend ni d'annonceurs frileux à l'idée d'être associés à du contenu osé, ni ne répond au contrôle de la Federal Communications Commission[4], qui impose des restrictions linguistiques et visuelles très lourdes aux *networks*. Les fictions HBO peuvent ainsi tout se permettre sans

---

* Les fictions « féminines » sont souvent accueillies avec une bonne dose de mépris et de dédain par la critique, qui leur reproche leur superficialité. Comme si on ne pouvait pas aimer porter des chaussures à talons et réfléchir au sens de la vie, à l'amour, à la maladie, etc.

risquer la censure, et c'est d'ailleurs son penchant pour les scènes de sexe et de nudité (notamment frontale), parfaitement inimaginables sur une autre chaîne, qui fera une partie de sa renommée[5] : une aubaine pour une série intitulée *Sex and the City*. Il faut bien souligner ici à quel point la série est redevable sur sa forme à HBO – difficile d'imaginer ce qu'il serait advenu de la chronique de Bushnell si Star avait choisi de la confier à ABC*.

Au-delà de cette liberté de ton, HBO offre également à ses *showrunners* une très grande marge de manœuvre dans la gestion du processus créatif. La chaîne valorise le talent de ses scénaristes, considérés comme des « auteurs »[6] à part entière, et leur laisse amplement le temps de développer leur vision. Là où les chaînes nationales fonctionnent selon un modèle bien huilé, avec un calendrier strict qui permet de condenser sur une période courte le tournage, la production, la post-production et la diffusion semaine après semaine, HBO choisit de laisser le champ libre à ses créateurs. Conformément à la politique de la maison, Darren Star se voit accorder carte blanche tant sur la gestion de son calendrier que sur la sélection de son équipe.

Star finit d'écrire le pilote de *Sex and the City* en janvier 1997. S'engagent alors les négociations avec son casting idéal. Pour le personnage de Carrie, la star de

---

* Il est très probable qu'elle n'aurait même pas pu s'appeler *Sex and the City* – même si Jamie Tarses avait promis à Star de faire de son mieux sur ce point.

la série, Star pense initialement à Kristin Davis, avec qui il a déjà travaillé sur *Melrose Place.* Mais l'actrice est sceptique : Carrie est très audacieuse, sûre d'elle et, dans le scénario du premier épisode, elle jure beaucoup et fume encore plus. Davis ne s'y reconnaît pas du tout. En revanche, elle s'imagine volontiers dans le rôle de Charlotte, qu'elle trouve plus proche de son propre caractère. L'attention de Star se tourne alors vers Sarah Jessica Parker, ancienne enfant star (elle joue le rôle-titre dans *Annie* à Broadway dès ses treize ans) reconvertie dans le cinéma. On la connaît surtout pour ses rôles dans des comédies romantiques aux côtés de Nicolas Cage ou Bruce Willis. L'actrice, qui a grandi à Cincinnati dans une famille recomposée au milieu de huit enfants, déménage très tôt à New York, comme Bushnell, arrivée à dix-neuf ans pour poursuivre ses rêves. Elle incarne à la perfection la figure de la New-Yorkaise branchée et décalée, aux antipodes des actrices hollywoodiennes à la plastique lisse dont Star trouve qu'elles se ressemblent toutes. Elle a alors trente-deux ans – pile le bon âge pour incarner Carrie – une réputation bien installée de *fashionista*, et a défrayé peu de temps auparavant la chronique (à son grand désespoir) en fréquentant brièvement John F. Kennedy Jr. – une histoire qui inspirera peut-être les scénaristes pour l'amourette entre Carrie et un homme politique dans la saison 3. Cerise sur le gâteau, sa ressemblance avec Candace Bushnell elle-même est assez frappante. En somme, c'est la candidate parfaite pour le rôle.

L'opération séduction donne du fil à retordre à Star. Parker aime beaucoup le personnage, mais ne se reconnaît pas vraiment dans ses côtés les plus caustiques : pourquoi doit-elle jurer aussi souvent ? Et le sexe, est-il vraiment nécessaire qu'il y en ait autant ? Star rassure Parker, négocie avec elle, lui promet un rôle de productrice exécutive avec voix au chapitre dans les choix scénaristiques. Finalement, Parker accepte : *Sex and the City* a trouvé sa tête d'affiche, au visage reconnaissable entre mille.

Une fois Sarah Jessica Parker acquise à la cause, les autres pièces du puzzle trouvent naturellement leur place. Kristin Davis, qui hésitait encore à rejoindre le projet, vient du monde des *soap operas* pour ados à la *Beverly Hills*. Elle rêve d'une série qui lui permette d'exploiter son talent comique, et d'un rôle plus adulte, mais raffiné. Elle connaît bien Star, mais elle craint pourtant de s'engager dans un projet un peu lubrique et sordide. De HBO, dit-elle, elle connaît surtout la série *Dream On*, dans laquelle « une femme différente montre ses seins toutes les semaines ». En apprenant que Sarah Jessica Parker a signé, Davis est rassurée. Pendant l'audition (qu'elle passe le même jour que son très grand ami Willie Garfield, qui incarnera Stanford), on lui demande d'être plus drôle, plus extravagante, de parler plus fort, d'en faire plus. Pourtant, Charlotte a très peu de répliques dans le pilote, et elles ne sont pas particulièrement drôles. Défaitiste et dépitée, Davis rentre chez elle sans trop y croire. Quelques jours plus tard, son téléphone sonne : contre toute attente, le rôle de Charlotte est pour elle.

Sarah Jessica Parker et Cynthia Nixon se connaissent depuis leur plus tendre enfance, ayant foulé les planches (et les listes d'auditions) ensemble de nombreuses fois. Plus encore que Parker, Nixon est une vraie New-Yorkaise, où elle est née et a grandi (et où elle se présentera comme candidate au poste de gouverneur en 2018, gage de son implication dans la vie locale). Pour Bushnell comme pour Star, c'est un atout non négligeable pour insuffler de l'authenticité à la série. En 1997, Nixon a déjà une carrière impressionnante derrière elle, au cinéma et à Broadway, où elle a joué dans pas moins de 25 pièces différentes. Surtout, l'actrice est prête à prendre des risques : dans le scénario, Miranda est décrite comme *the smart one*, l'« intello de la bande ». En code Hollywood, cela veut dire « la moche de la bande » – de quoi rebuter certaines actrices en herbe. Mais pas Nixon, comédienne confirmée et respectée dans son milieu, qui ne s'embarrasse pas d'autant de vanité. Au contraire, le rôle l'enthousiasme : elle qui a beaucoup joué les petites filles douces et frêles a hâte de s'essayer au côté corrosif de Miranda.

Reste enfin un défi, et pas des moindres : celui de trouver une actrice avec assez de charisme, d'autodérision et de culot pour incarner la magistrale et intrépide Samantha. Star sait exactement qui il souhaite voir dans ce rôle. Problème : la principale intéressée ne le voit pas du même œil. Lorsque Kim Cattrall reçoit le scénario du pilote, elle ne comprend pas bien ni comment ni pourquoi il a atterri sur son bureau. Elle se trouve trop vieille pour le rôle (pourtant, à quarante et un ans, elle est parfaite : de Samantha, très taiseuse sur son propre âge, on sait seulement qu'elle est plus vieille que le reste de la bande de quelques années) et ne s'identifie pas vraiment au personnage. Sa personnalité est aux antipodes de celle de Samantha : elle est discrète, romantique et assez peu aventureuse en matière de sexualité – elle dira plus tard que sa vie sexuelle avait jusque-là été assez ennuyeuse. Cattrall a peur du ridicule que pourrait provoquer le fait d'incarner un personnage aussi sexy à son âge, et peine à se figurer la trajectoire à venir de cette femme dont le seul trait de personnalité semble d'être obsédée par le sexe. Habituée des rôles de bimbos blondes et décérébrées depuis plusieurs années, elle aspire à autre chose. Enfin, son petit ami de l'époque n'aime pas beaucoup l'idée qu'elle joue une femme fatale très libérée. Samantha aurait rué dans les brancards à l'idée que l'opinion d'un homme l'empêche de faire quoi que ce soit, mais Cattrall n'est pas Samantha : elle refuse le rôle. Star, résigné, caste une autre actrice (Lou Thornton, pour les lecteurs curieux). Mais son équipe est catégorique : sans Cattrall, le personnage n'aura pas la même saveur. Star fait marcher ses contacts et réussit à obtenir un déjeuner avec l'actrice. Il écoute ses réserves, la rassure, et lui apprend que Sarah Jessica Parker a accepté de se joindre au projet. Un peu plus tard ce jour-là, Cattrall appelle HBO : elle est partante pour le rôle de Samantha*. La série a trouvé son casting de choc – mais l'aventure ne fait que commencer. Il faut maintenant passer à la production.

Dans un entretien donné en 2001 au musée de la Télévision et de la Radio de New York, Darren Star raconte :

> Aller chez HBO, c'était une manière d'essayer de faire une série à l'opposé des séries de *network*, de sortir des sentiers battus de la télévision et de ne pas suivre les formules toutes faites. [...] Je pense que c'est la meilleure expérience créative que l'on puisse avoir à l'heure actuelle dans le domaine de la télévision. [...] J'ai aimé qu'à HBO, il n'y ait pas ce processus typique des *networks* où, par exemple, il faut d'abord « pitcher » une série à l'automne, puis l'avoir écrite avant janvier pour qu'elle soit retenue par la chaîne. [Chez] HBO, on m'a dit : « Écris la série à ton rythme. Quand elle sera prête, trouve un réalisateur, celui que tu veux, trouve les acteurs que tu veux. » [...] C'était fantastique[7].

Star fait ici référence au calendrier de production harassant des *networks*, qui contraint les équipes à travailler en flux tendu pendant les nombreuses semaines que dure la diffusion. Généralement, seulement trois ou

---

* Et quitte peu de temps après le fameux petit ami qui ne voyait pas ce rôle d'un très bon œil.

quatre épisodes sont écrits au moment où commence le tournage. Les quelque 15 à 18 autres que compte habituellement une saison devront être écrits, tournés et montés quasiment à la chaîne pour pouvoir être diffusés dans les temps. Pour le dire autrement, de septembre à mai environ, les équipes sont en apnée, produisant plusieurs épisodes simultanément par semaine, chacun à un stade de conception différent, dans une course contre la montre aux enjeux mirobolants.

Le modèle de HBO, qui permet de s'affranchir de ces contraintes matérielles, présente néanmoins quelques inconvénients et engendre un bon lot d'incertitudes pour les équipes de production. La première : celle du calendrier de diffusion (voire de savoir si la série sera seulement diffusée). Le tournage du premier épisode de *Sex and the City* – étape indispensable pour vendre le projet à la chaîne et espérer obtenir le feu vert pour une saison entière – commence officiellement le 2 juin 1997. Le pilote est filmé en dix jours, monté, puis envoyé à HBO, où il reste, semble-t-il, dans les limbes durant de très longs mois. Pendant ce temps, les actrices s'interrogent, s'impatientent – Kristin Davis confie avoir appelé son manager quasi quotidiennement pour s'enquérir d'une quelconque réponse de la chaîne –, voire se découragent et changent d'avis. Sarah Jessica Parker n'est plus vraiment sûre de vouloir s'engager pour un contrat télé, qui la contraint à sept années de disponibilité et surtout d'exclusivité. Elle espère secrètement que le projet tombera à l'eau. Ses prières ne seront (heureusement) pas entendues. Après neuf mois de silence, HBO donne finalement son feu vert pour le tournage d'une saison. Reste à convaincre l'actrice principale de revenir et reconstituer une équipe digne de ce nom, une partie des membres de l'équipe originale ayant abandonné le navire faute de réponse et accepté des postes ailleurs.

La seconde incertitude est liée au choix de tourner l'intégralité de la saison avant de lancer la diffusion, plutôt que semaine après semaine pendant la diffusion, comme sur les *networks* : si la production en flux tendu nécessite une organisation militaire et un travail de longue haleine pour les équipes, elle permet néanmoins aux scénaristes de prendre le pouls du public et de la critique, de voir ce qui fonctionne ou non auprès des spectatrices et spectateurs, et de corriger le tir si besoin. C'est le modèle sur lequel reposent notamment les sitcoms traditionnelles, comme *Friends* ou *Seinfeld*, jouées devant public : selon les rires (ou les bides) que génèrent les blagues, on réécrit, rejoue et refilme les scènes à l'envi, jusqu'à avoir la prise parfaite. Or, lorsque le tournage de la première saison de *Sex and the City* s'achève, au printemps 1998, pas un seul épisode n'a encore été diffusé. Cette particularité à l'énorme avantage de permettre aux équipes de tester toutes leurs idées librement, d'innover avec le matériau et de déployer leur vision sans se laisser influencer par les éventuelles critiques négatives. Mais elle présente le risque non négligeable de se solder par un tollé vertigineux, susceptible d'anéantir la série. Par chance, la première saison est un succès d'audience*, et HBO reconduit *Sex and the City* pour une deuxième saison. C'est l'occasion pour les équipes de prendre en compte les critiques et d'abandonner les procédés qui ont le moins séduit. Parmi eux, les adresses directes à la caméra de Carrie, qui brisent le quatrième mur et rompent l'illusion de la fiction, et les interviews de passants dans la rue, élément récurrent de la première saison qui disparaît progressivement durant la deuxième[8]. Si cette décision a dû grandement soulager les actrices, qui trouvaient l'exercice de parler face caméra très périlleux, on y perd un peu en originalité et en authenticité. J'ai été frappée en visionnant à nouveau cette première saison par l'aspect DIY, au réalisme cru, qui se dégageait de ces séquences. Étrangement, j'avais complètement oublié l'esthétique très particulière des saisons 1 et 2, loin des images lisses et glamour qui marquent les trois dernières. À choisir, je crois finalement être plus séduite par les premières – et cela tombe bien, car tout porte à penser qu'elles sont plus proches du projet tel que Star l'avait originellement envisagé.

---

* La première semaine, *Sex and the City* se positionne au numéro 10 des programmes les plus regardés mesurés par Nielsen. Elle rassemblera durant sa première saison environ 6,9 millions de téléspectatrices par épisode, une moyenne tout à fait honorable pour une série diffusée sur une chaîne payante.

L'art des séries télévisées

Si des séries récentes ont pu faire usage de procédés similaires – *House of Cards* et *Fleabag*, par exemple, utilisent toutes les deux le regard caméra –, ces choix de mise en scène sont, à la fin des années 1990, tout à fait surprenants pour une fiction sérielle, qui plus est comique. Le genre est alors peu coutumier de ce type d'expérimentations esthétiques, qu'on rapproche plus volontiers du cinéma. Or, on l'a dit, Darren Star, à défaut d'être cinéaste, est un cinéphile confirmé. S'il ne peut pas faire de *Sex and the City* le film indépendant de ses rêves, il ambitionne de transformer la chronique en une série qui « brouille la frontière entre cinéma et télévision[9] » en bousculant les codes esthétiques, narratifs et génériques associés aux séries comiques.

Là encore, choisir HBO pour héberger le projet *Sex and the City* s'avère déterminant. Depuis 1996, la chaîne premium affiche partout son nouveau slogan : « *It's not TV. It's HBO.* » Le message est clair : il s'agit pour HBO de se distinguer de ce qui se fait alors à la télévision, de se réclamer d'un héritage qualitatif, cinématographique, en mettant à distance les productions aux ambitions plus modestes des *networks*. Si les chaînes nationales font de la culture de masse, HBO, elle, fait de l'art[10]. Dans l'ouvrage de référence qu'il coordonne au sujet de la chaîne premium, Gary Edgerton écrit qu'« à la fin des années 1990, HBO s'était imposée comme l'équivalent télévisuel d'une marque de créateur[11] ». Avec *Sex and the City*, la chaîne lance sa pièce maîtresse.

Sur le plan esthétique, la série innove et se démarque des traditionnelles sitcoms, tournées en plateau avec trois caméras fixes, pour privilégier une seule caméra mobile capable de suivre les actrices au gré de leurs déambulations dans la ville. Star insiste pour tourner sur pellicule, avec une caméra argentique, plutôt que de filmer en numérique. Ce choix confère à l'image un grain unique, une texture particulière, un aspect moins lisse, plus organique, qui inscrit le geste de Star dans la tradition du cinéma classique hollywoodien. Les images sont léchées, les plans travaillés, avec des effets de surcadrage, des ralentis, des arrêts sur image et des flous artistiques.

La dernière séquence de l'épisode pilote, qui propose une grande variété de plans, illustre bien l'ambition de Star d'impulser à sa série une esthétique cinématographique. La caméra suit d'abord dans un champ-contre-champ classique l'échange entre Carrie et Mr. Big, installés à l'arrière de sa voiture avec chauffeur. Le plan très rapproché, dans l'espace exigu de la voiture, nous propulse dans l'intimité des deux personnages. L'espace est si étroit que le corps de l'un (les cheveux, une épaule) fait systématiquement irruption dans le contre-champ de l'autre : en tant que spectatrice, on se sent presque de trop dans cette parade amoureuse, comme espionnant un moment qui ne nous appartient pas. Lorsqu'au terme de l'échange Big s'amuse et lance à Carrie : « *I get it. You've never been in love** », la caméra s'arrête sur elle et opère un ralenti de quelques

---

* « Oui, je vois. Vous n'avez jamais été amoureuse. »

secondes qui nous permet d'apprécier son trouble. En voix off, elle commente : « *Suddenly I felt the wind knocked out of me. I wanted to crawl under the covers and go right to sleep**. » La mise en scène reflète ce moment d'introspection, donne de la pesanteur au défi posé à Carrie par l'affirmation de Big. Carrie sort de la voiture, se retourne vers la caméra, puis s'en approche dangereusement jusqu'à apparaître en très gros plan, avec un effet proche du fisheye, qui trahit la désorientation du personnage. Elle s'arrête net, se ravise et cogne à la fenêtre de la voiture. Depuis l'intérieur de l'habitacle, la fenêtre s'ouvre et laisse apparaître Carrie en contre-plongée – autre choix de cadrage inhabituel pour une série comique. Le plan confère à Carrie une certaine carrure, du poids malgré sa taille fluette. Elle demande : « *Have you ever been in love?* » et Big sourit : « *Abso-fucking-lutely***. » La voiture démarre. Carrie se retourne vers la caméra placée derrière elle. L'épisode se clôt sur un arrêt sur image de cinq secondes sur Carrie, qui marque le moment de bascule que constitue la rencontre amoureuse dans l'intrigue : il invite les spectatrices à revenir la semaine suivante pour assister à ses suites.

Parmi les audaces cinématographiques reconnues à *Sex and the City*, il faut aussi mentionner son très grand dynamisme visuel : les personnages ne sont jamais statiques, le rythme est effréné, des centaines de figurants pullulent à l'arrière-plan (dans les bars et les clubs fréquentés par les

* « Tout d'un coup le rire narquois du remords vint siffler à mes oreilles. J'aurais voulu ramper jusque sous ma couette. »

** « Vous avez déjà été amoureux ? » « Foutrement plus que vous. »

amies, dans la rue), et le nombre de scènes par épisode est bien supérieur à la moyenne des sitcoms – plus d'une trentaine[12], contre 8 à 15 scènes pour des séries comme *Friends* ou *Seinfeld*, diffusées au même moment. Il en résulte une impression de vitesse et de frénésie qui semble refléter le rythme haletant de la ville. Les dialogues sont eux aussi marqués par la rapidité des répliques, qui fusent à toute vitesse. Elles évoquent les badinages des comédies dites « loufoques » (*screwball comedy*) des années 1930 et 1940, ancêtres de la comédie romantique moderne, marquées par leur humour burlesque, mais surtout par l'impétuosité et la vivacité d'esprit de leurs héroïnes[13]. Carrie et ses amies sont les dignes héritières des personnages incarnés alors par Carole Lombard, Katharine Hepburn ou Rosalind Russell.

La comédie loufoque n'est pas la seule tradition cinématographique à laquelle Star rend hommage avec *Sex and the City*. Il convoque au contraire un impressionnant réseau de références qui couvre une tradition filmique allant des classiques de l'âge d'or hollywoodien aux comédies romantiques des années 1990, en incluant les films de Woody Allen. *Sex and the City* emprunte à ce dernier sa narration autoréflexive, son ancrage dans le milieu bourgeois intellectuel new-yorkais, ses prises de vues affectueuses de Manhattan[14], et même un de ses titres : le slogan qui apparaît sur le poster collé sur le bus que l'on voit dans le générique, « *Carrie knows good sex**, *(*and isn't afraid to ask*) » est une référence au film de 1972, *Everything You Always Wanted to Know About Sex* (*But Were Afraid to*

Ask). Pour les cinéphiles confirmés, *Sex and the City* est une mine d'or intertextuelle. On s'amuse volontiers de retrouver les références de tel ou tel plan, de telle ou telle réplique cachée dans les épisodes. « *Ex and the City* » (S2EP18) rejoue par exemple plan pour plan une scène célèbre du film *The Way We Were* (*Nos plus belles années*), réalisé par Sydney Pollack. Le temps d'un échange, Carrie se transforme sur le parvis de l'hôtel Plaza en Barbra Streisand (les similarités physiques entre Sarah Jessica Parker et Streisand avaient joué en faveur de la première au casting) lorsqu'elle lance à Mr. Big, sur le point de se marier avec Natasha, un « *Your girl is lovely, Hubbel* » tiré tout droit du film de 1973. Deux saisons plus tard, ils danseront tous les deux sur « Moon River » (S4EP18), un clin d'œil au classique *Breakfast at Tiffany's* (*Diamants sur canapé*), dont *Sex and the City* se présente à la fois comme héritière et réactualisation contemporaine, dans un monde où le romantisme semble avoir disparu. Dès le pilote, Carrie annonce : « *Welcome to the age of un-innocence. No one has breakfast at Tiffany's and no one has affairs to remember. Instead, we have breakfast at 7 a.m. and affairs we try to forget as quickly as possible**. » La triple référence, à la fois littéraire (*The Age of Innocence*, d'Edith Wharton, 1920, adapté au cinéma en 1993) et filmique (*Breakfast at Tiffany's*, 1961 ; *An Affair to Remember*, 1957), dit bien l'ambition de Star

* « Fini le temps de l'innocence. Mais on ne connaît pas les petits déjeuners tranquilles chez Tiffany's, et les romans d'amour qui durent. Ici, c'est le règne du café à 7 heures du mat et des histoires de fesses à oublier aussi vite que possible. »

de créer une série qui s'inscrive à la fois dans le canon artistique de son époque et dans une longue tradition romantique. Les fans les plus attentifs auront aussi remarqué les nombreuses références cinématographiques qui se glissent dans les titres de certains épisodes, tels que « *Four Women and a Funeral* » (*Four Weddings and a Funeral*, 1994), « *The Post-It Always Sticks Twice* » (*The Postman Always Rings Twice*, 1981) ou « *An American Girl in Paris* »* (*An American in Paris*, 1951).

Si Darren Star cherche à repousser les frontières esthétiques et génériques du médium télévisuel, il parvient aussi à brouiller la frontière entre les genres sériels traditionnels, en proposant une série marquée par l'hybridité générique, dont la classification n'est pas toujours aisée. À la sitcom, *Sex and the City* emprunte son format court (30 minutes), sa dimension comique et son humour parfois tarte à la crème (par exemple lorsque Carrie glisse sur une flaque et s'étale de tout son long sur le sol d'une boutique Dior parisienne, S6EP20), mais se départit du format clos dit « épisodique », des rires enregistrés et du tournage en plateau. Pourtant, Star insiste, *Sex and the City* est une comédie : le public doit savoir qu'il peut rire des personnages et des situations dans lesquelles ils se retrouvent – c'est d'ailleurs le rôle de la chute burlesque du générique, lorsque Carrie se fait éclabousser par un bus dans son tutu rose[15]. Deborah Jermyn souligne la

* « Quatre femmes et un enterrement », « Le Post-it colle toujours deux fois » et « Une Américaine à Paris ».

grande variété de traditions comiques mobilisées par la série, entre la comédie physique, les jeux de mots (« *If you're tired you take a Napa, you don't* move *to Napa**! »), les traits d'esprit et les aphorismes (« *Fuck me badly once, shame on you. Fuck me badly twice, shame on me***! »), et la repartie mordante des héroïnes, dans la tradition de la farce. Pour autant, la série sait aussi se saisir d'intrigues plus sombres et plus sérieuses, avec la mort soudaine de la mère de Miranda (S4EP8), par exemple. En cela, elle se présente plutôt comme une comédie dramatique[16] que comme une sitcom. Enfin, certains travaux placent *Sex and the City* dans le genre des comédies romantiques[17], qui sont alors en plein âge d'or au cinéma, et qui gagneront lentement mais sûrement la télévision dans les décennies suivantes. L'hybridité générique de *Sex and the City*, de même que son ambition cinématographique, font d'elle un objet inclassable qui bouscule autant les codes de la télévision que ceux de la bienséance. Le pari de Star est réussi : *Sex and the City* entre dans le panthéon des « grandes séries » américaines, réussissant à se démarquer dans une production prolifique grâce aux audaces qu'elle se permet.

---

* Big vient d'annoncer à Carrie qu'il déménage à Napa, en Californie, parce qu'il est fatigué de la frénésie new-yorkaise. Carrie joue ici sur la proximité phonétique du mot « sieste » (*nap*) avec Napa. Dans le doublage français, on perd le jeu de mots : « Quand on est fatigué on dort, on déménage pas, surtout pas dans un bled qui s'appelle Napa. »

** « Baise-moi mal une fois, honte à toi, baise-moi mal deux fois, alors honte à moi ! »

S'il est souvent salué pour sa contribution à l'évolution des fictions sérielles, Star ne doit pas pour autant être envisagé comme un génie solitaire ou un visionnaire. Jermyn souligne que, pour ce qui est du glamour et du soin apporté à la cinématographie, Star hérite pour beaucoup des enseignements de son collaborateur et mentor Aaron Spelling. Avec *Dynasty* (ABC), déjà, en 1981, Spelling sublime ses personnages féminins avec des costumes chatoyants et un sens du style particulièrement remarqué[18]. Il serait également réducteur d'adhérer sans restriction au récit promu par HBO d'une dichotomie stricte entre des *networks* incapables d'originalité, d'une part, et le bastion isolé d'innovation que représenterait les chaînes câblées, d'autre part. En réalité, la télévision américaine connaît dans les années 2000 son « second âge d'or », l'apogée de deux décennies marquées par un renouveau esthétique et dramaturgique des fictions sérielles. Ce mouvement, entamé dès les années 1980, se produit précisément sur les *networks*, qui innovent sur le plan formel et scénaristique. À la fin des années 1990, de nombreuses séries poussent encore plus loin le curseur et sont saluées pour la qualité de leur écriture et de leur réalisation : c'est le cas des *Sopranos* (HBO, 1999-2007), d'*À la Maison Blanche* (*The West Wing*, NBC, 1999-2006) ou de *Buffy contre les vampires* (*Buffy the Vampire Slayer*, The WB, 1997-2001), toutes diffusées au même moment que *Sex and the City*[19]. La période est donc particulièrement propice aux expérimentations, tant sur le plan des thématiques abordées, de la complexité des personnages et des intrigues que sur celui de la cinématographie. Le succès de *Sex and the City* tient au fait que ses producteurs aient su prendre le train en marche et s'inscrire dans cette mouvance vers des séries de plus en plus hybrides, complexes et ambitieuses.

De la page à l'écran : les lois de l'adaptation

Une fois la chaîne choisie, Star doit encore réfléchir à la meilleure manière d'adapter les chroniques de Bushnell pour la télévision. Se posent notamment des questions de format (puisque les chroniques relatent des anecdotes isolées, qui ne présentent pas de continuité narrative d'une semaine sur l'autre) et de ton, jugé trop dur et amer pour un public télévisuel, même sur HBO. Star tâtonne, réfléchit d'abord à transformer la chronique en série d'anthologie – c'est-à-dire une série dont les épisodes seraient indépendants les uns des autres, avec des personnages différents à chaque fois, mais autour d'une même thématique, ici New York et les relations amoureuses. Ce choix refléterait au plus proche la structure de la rubrique de Bushnell, mais il s'avère être trop désincarné. Finalement, Star se décide pour une série plus classique où reviennent chaque semaine les personnages bien connus du public. Il s'inspire du modèle du quatuor féminin, dans la lignée de séries féminines à succès, comme *The Golden Girls* (*Les Craquantes*, 1985-1992) ou *Designing Women* (*Femmes d'affaires et Dames de cœur*, 1986-1993).

Carrie, qui dans la chronique originelle fait le plus souvent cavalier seul, se retrouve alors flanquée de trois nouvelles acolytes en les personnes de Miranda, la *working girl* sarcastique, Charlotte, la BCBG romantique et optimiste, et Samantha, la femme libérée. En donnant à Carrie des amitiés profondes et sincères, Star fait d'une pierre deux coups. D'une part, il crée des archétypes qui offrent non pas un mais quatre points d'identification dans la série et qui s'inscriront durablement dans la culture populaire : on ne compte plus les tests, dans les magazines féminins comme en ligne, qui proposent de trancher l'éternelle question « Quel personnage de *Sex and the City* êtes-vous ? », et nombreuses sont les spectatrices, en particulier dans les groupes d'amies, qui s'auto-désignent comme la Carrie, la Samantha, la Miranda ou la Charlotte de la bande. C'est tout l'enjeu du podcast *Are You a Charlotte?* de Davis : les noms des personnages sont devenus des substantifs, des types de caractère dans lesquels les spectatrices peuvent se reconnaître. D'autre part, l'ajout de ces personnages insuffle à la série une camaraderie féminine qui vient adoucir le côté sombre et pessimiste des chroniques de Bushnell. Là où la journaliste dépeignait des femmes peinant à cacher sous le vernis glamour leur désolation et leur angoisse de finir irrémédiablement seules, la série développe un propos plus optimiste et tendre, dans lequel les liens qui unissent les quatre femmes les protègent du spectre de la solitude. Attablées autour du brunch à la mode du moment, les quatre amies subliment leurs peines de cœur et leurs histoires vaseuses en se les rapportant les unes aux autres, assorties de bons mots et de plaisanteries bien senties.

L'humour joue un rôle essentiel dans la transposition de la rubrique sur petit écran. Sur ce sujet, Star sait s'entourer : il recrute Michael Patrick King, un humoriste chevronné ayant fait ses armes avec les scénarios de sitcoms célèbres comme *Murphy Brown* (1988-1998) et *Will & Grace* (1998-2006). Dans une interview donnée en 2004, King explique :

> Le livre [de Candace] était brillant. Très, très acéré, comme du verre brisé, et qui décrit avec une intelligence perçante ce type de femmes tragiques qu'on pouvait rencontrer. Mais pour que les téléspectatrices soient au rendez-vous toutes les semaines, on s'est dit qu'il fallait que ce soit plus doux. Et plus sensible. Et plus "réel". Et il fallait que les personnages soient des clowns[20].

Au contraire des femmes qui peuplent les chroniques de Bushnell, les quatre amies de *Sex and the City* parviennent à rire ensemble, et à rire d'elles-mêmes : elles reprennent alors le pouvoir sur leurs aventures en refusant de subir passivement et silencieusement les vexations et injonctions à se conformer à un modèle patriarcal étriqué, et dans lequel elles étouffent.

Si Star et King sont les maîtres d'œuvre de l'adaptation de la chronique – tant sur le plan du ton que sur celui de la forme –, on aurait tort de leur attribuer tout le crédit de la finesse d'écriture et de la sensibilité de la série. Il est souvent remarqué, dans les articles et ouvrages qui traitent de *Sex and the City*, que celle-ci hérite de ses deux créateurs – des hommes gay – une sensibilité féminine et *queer* qui fera son succès. C'est oublier néanmoins le fonctionnement propre aux fictions sérielles, qui reposent sur un travail d'équipe plutôt que sur la vision d'un seul individu. Derrière le duo Star-King se cache une armada de réalisateurs et réalisatrices et une équipe de scénaristes chargés de concevoir les arcs narratifs et d'écrire les dialogues de chaque épisode. Pour la réalisation du premier épisode, dont il a lui-même écrit le scénario, Darren Star recrute Susan Seidelman, une cinéaste renommée pour son œuvre aux accents féministes (*Recherche Susan désespérément*). Seidelman impulse au pilote sa qualité cinématographique et donne le ton en matière de réalisation, grâce au concours de son équipe de techniciens de haut vol, formés sur des productions comme *Portrait de femme* ou *La Leçon de piano* de Jane Campion. Elle est la première d'une longue liste de réalisatrices de films indépendants de renom qui collaboreront au projet *Sex and the City*, comme Martha Coolidge et Allison Anders. Rapidement, Star et King, qui plaisantent volontiers sur l'absurdité que leur série « féminine » soit pilotée par « deux folles et un gamin* », comprennent qu'ils ont tout intérêt à amener des voix féminines dans la *writers' room***. Ils embauchent

---

* Armstrong rapporte qu'après une interview accordée au *New York Times*, King plaisante : « *What do you think they would say if they knew the show about women was being written by two queens and a twenty-year-old?* » Le « gamin » est Michael Green, recruté comme scénariste junior sur la première saison.

** La *writers' room* est le nom donné à la salle dans laquelle les scénaristes échangent leurs idées et conçoivent les arcs narratifs d'une série.

Amy B. Harris, initialement assistante de Star, et Jenny Bicks, dont l'enfance dorée passée dans l'Upper East Side est une source d'inspiration inépuisable pour la psyché de Charlotte. Lors de la saison 2, Cindy Chupack, scénariste de sitcoms mais aussi ancienne chroniqueuse « relations amoureuses » pour *Glamour* (US), rejoint l'équipe de scénaristes. À ce chorus s'ajoutent, à mesure que les saisons avancent, une flopée de nouvelles scénaristes, parmi lesquelles Jenji Kohan, qui créera plus tard *Orange is the New Black*, qui viennent compléter le tableau et transformer leurs propres anecdotes de vie en matériau pour la série. King recrute aussi Greg Behrendt, l'« hétéro de service » de l'équipe, dont le rôle est de garantir la crédibilité des personnages masculins, plus développés à partir de la deuxième saison. Dans une équipe composée de deux hommes gay et d'une demi-douzaine de scénaristes femmes, personne jusque-là n'était vraiment en mesure d'écrire fidèlement depuis la perspective d'un homme hétérosexuel*.

Chaque matin, un van dix places sillonne Manhattan pour aller chercher, l'une après l'autre, chacune des scénaristes en bas de sa porte et acheminer toute l'équipe vers les Studios Silvercup dans le Queens, où se trouvent les bureaux de la production. Sur le chemin, les scénaristes discutent de leurs rencards de la veille, de leur vie amoureuse ou de leurs amis. Chaque anecdote est susceptible

---

* Michael Patrick King le dit de manière nettement plus cavalière dans une interview pour la revue *Creative Loafing Tampa Bay* : « On avait besoin de quelqu'un qui puisse venir nous dire quel goût ça avait, une chatte ».

d'être transposée ou distillée dans un scénario et attribuée à une des quatre héroïnes. Lorsqu'elles arrivent au studio, King les accueille de 10 heures à 10 h 30 pour le *host chat* (« la papote d'accueil »), un moment de réflexion convivial qui constitue une sorte de compte rendu des discussions amorcées dans le van. À 10 h 30, l'équipe s'attable et commence à élaborer des plans, des bribes de scénarios et des arcs narratifs librement inspirés de ces histoires personnelles. King a une règle d'écriture simple : « Écrivez ce que vous savez », autrement dit, toutes les histoires qui sont « pitchées » dans le bureau doivent avoir un fond de vérité, qu'elles soient vaguement arrivées aux scénaristes elles-mêmes, ou à leurs amies plus ou moins proches. Cette règle permet à la série de rester au plus proche du réel, et aux scénaristes de se défendre si d'aventure on leur reproche d'être trop fantasques ou d'inventer : oui, la séquence dans laquelle Samantha, fraîchement manucurée, doit aller chercher à la main le diaphragme de Carrie resté coincé est farfelue, mais elle dérive d'une histoire vraie racontée à King par une de ses amies. Lorsqu'une autre femme de l'équipe confirme qu'à elle aussi, cela est déjà arrivé, l'idée est validée pour le scénario (S2EP6). De même pour la vulvodynie qu'une gynécologue diagnostique à Charlotte (S4EP2), arguant qu'elle souffre d'une « dépression vaginale » (*depressed vagina*), un diagnostic reçu par l'une des scénaristes quelques mois plus tôt. Si ces anecdotes portent à rire, d'autres récits de la vie réelle devenus arcs narratifs ont une valeur davantage cathartique. Lorsque Jenny Bicks, l'une des scénaristes phares de la série et la meilleure amie de Michael Patrick King, apprend qu'elle souffre d'un cancer, King lui annonce tout de go : « Nous allons écrire sur ton cancer. » Dans la saison 6, Samantha se battra elle aussi contre un cancer du sein, dans une intrigue dont la dimension dramatique détonne avec les débuts légers de la série.

Bien sûr, à mesure que les années et les saisons passent, les scénaristes sont obligés de puiser dans leur imagination pour créer de nouvelles situations comiques ou dramatiques. Si le matériau de Bushnell est omniprésent dans la première saison – au point qu'on retrouve certains de ses éléments de langage dans les dialogues –, l'équipe derrière *Sex and the City* finit par s'en affranchir. Leur génie réside dans le fait d'avoir su garder un parfait équilibre entre le ton mordant de Bushnell, la vulnérabilité des héroïnes à qui ils étaient en train de donner vie et le réalisme des anecdotes qu'ils racontaient à travers elles.

CHAPITRE 2

Série réactionnaire ou ode visionnaire à l'amitié ?

Dans le premier épisode de la deuxième saison, alors que les quatre amies sont attablées pour leur traditionnel brunch du samedi matin et se racontent tour à tour leurs déboires amoureux, Miranda s'emporte :

> *Ok, that's it, I'm out of here. […] How does it happen that four such smart women have nothing to talk about but boyfriends?! It's like seventh grade with bank accounts. What about us? What we think, we feel, we know? Christ! Does it always have to be about them? Just, you know… Give me a call when you're ready to talk about something besides men, for a change**!

---

* « D'accord, j'en ai assez. Je m'en vais. […] Comment se fait-il que quatre femmes intelligentes ne puissent parler d'autre chose que leurs petits amis ? On dirait des pucelles devant des militaires. Si on parlait de nous ? De ce qu'on connaît, de ce qu'on ressent, de ce qu'on pense ? C'est bien plus enrichissant. Les hommes ne sont pas le nombril du monde. Je vais vous dire une chose : appelez-moi quand vous serez décidées à parler d'autre chose que des mecs, pour changer. »

Les trois autres femmes restent interdites, baissent les yeux, visiblement un peu honteuses. Miranda, hors d'elle, quitte les lieux tandis qu'en voix off Carrie commente : « *In the case of* Miranda Hobbes v. silly women everywhere, *the verdict was in: guilty as charged**. »

L'esclandre de Miranda, qui interrompt une discussion absurde sur les testicules pendants de la nouvelle conquête de Charlotte, porte d'abord à sourire. Mais pour beaucoup de spectatrices, il est à parier que cet accès de colère soudain soit cathartique. L'obsession manifeste de Carrie, Charlotte et Samantha (mais, pour être honnête, Miranda n'est souvent pas en reste) pour les hommes est agaçante, qui plus est dans une série qui nous a justement été vendue comme révolutionnaire et émancipatrice : est-ce vraiment tout ce dont parlent les femmes entre elles ? De leur vie amoureuse ? Tout ça pour ça ? Les scénaristes se servent ici de Miranda comme d'un porte-parole : ils ont bien entendu les critiques adressées à la série après la diffusion de la première saison. Plus encore, ils et elles plaident coupables. Alors, *Sex and the City* se vautre-t-elle, contre toute attente, dans la superficialité et le conformisme ? Est-elle en train de trahir sa promesse et de devenir une énième comédie romantique nunuche dans laquelle le seul but de la vie d'une femme est de recevoir la validation d'un homme ? C'est un peu plus compliqué que ça.

---

* « Dans l'affaire Miranda Hobbes contre les trois écervelées de service, le verdict était tombé : coupables sur toute la ligne. »

La poursuite de l'amour à tout prix

Par certains aspects, il est vrai, on pourrait qualifier *Sex and the City* de « nunuche » ou de mièvre dans son traitement des relations amoureuses des héroïnes, qui semblent sans cesse courir après la validation des hommes. Charlotte, la romantique invétérée, est le personnage le plus emblématique de cette tendance : semblant tout droit sortie d'un conte de fées, la princesse de l'Upper East Side new-yorkais cherche sans relâche son prince charmant dans un océan de crapauds, allant de déception en déception. Elle trouve finalement chaussure à son pied dans la saison 3 en la personne de Trey MacDougal, un chirurgien de bonne famille bien sous tous rapports qu'elle épouse avec faste peu de temps après l'avoir rencontré – et sans jamais avoir eu de rapports sexuels avec lui (elle rêve même de retrouver sa virginité pour lui – S3EP8) –, provoquant un terrible effroi chez Samantha. L'histoire tourne néanmoins au vinaigre au bout de quelques semaines seulement, ramenant brutalement Charlotte à la réalité. La série excède les frontières classiques du conte de fées, levant le voile sur ce qu'il se passe après le traditionnel « Ils vécurent heureux et eurent beaucoup d'enfants ». Elle révèle la face cachée du conte : les problèmes de libido (Trey ne parvient pas à avoir d'érection), les belles-mères envahissantes qui refusent de céder la place à leur belle-fille (Charlotte doit par exemple déloger Bunny MacDougal de sa chambre à coucher lorsqu'elle se réveille en pleine nuit et la trouve assise sur le lit conjugal, en train de frotter le torse de son fils avec une pommade décongestionnante pour soigner son rhume – S4EP5), l'infertilité du couple et le refus de Trey d'engager une procédure d'adoption pourtant voulue par Charlotte, refus appuyé par Bunny dans une réplique aux relents racistes : « *MacDougal is one of the oldest Highland clans in existence. We have a very proud lineage, one I hope you and Trey will be able to perpetuate. Now, I know some things can't be helped, but I must tell you right now I don't enjoy Mandarin food and I don't enjoy a Mandarin child**. »

Si Charlotte pousse l'archétype de l'éternelle romantique à son paroxysme, elle n'est pas la seule des quatre amies à être sensible à la romance. Le genre du conte de fées est mobilisé à plusieurs reprises dans la série, le plus souvent pour être dévoyé. Le tout premier épisode s'ouvre d'ailleurs sur la voix off de Carrie prononçant la formule classique « Il était une fois » :

> *Once upon a time, an English journalist came to New York. Elizabeth was attractive and bright, and right away she hooked up with one of the city's typically eligible bachelor. […] They met one evening, in typical New York*

---

* « Les MacDougal forment l'un des plus vieux clans recensés en Écosse, savez-vous ? Nous sommes particulièrement fiers de notre lignée, lignée que nous espérons voir perpétuer par mon fils et par vous-même. Certaines choses, j'en suis bien consciente, ne peuvent devenir réalité, mais je dois bien reconnaître que je ne suis guère friande de mets aux saveurs chinoises, et que je ne me vois pas grand-mère d'une enfant asiatique », S4EP12.

> *fashion, at a gallery opening. [...] It was love at first sight**.

D'abord enchantée par leur histoire d'amour naissante, Elizabeth se confronte vite à la désillusion : l'homme qui la courtise sans relâche pendant deux semaines, l'emmenant de restaurants en visites d'appartements, disparaît dans la nature sans lui donner de nouvelles. En d'autres termes, dans notre vocabulaire contemporain, il la *ghoste* (le mot n'avait pas encore été popularisé au moment de *Sex and the City*, mais il est à parier que la pratique du *ghosting* aurait constitué un « problème de la semaine » dans un des épisodes si cela avait été le cas).

Au début de la troisième saison, le genre est encore une fois convoqué lorsque Carrie rencontre Bill Kelley, un homme politique charismatique en pleine campagne pour une élection locale. La question pressante qui occupe Carrie et ses amies est la suivante : « *Do women just want to be rescued***? », sous-entendu : par un homme. Les références explicites ou implicites au conte de fées dans l'épisode sont innombrables. À table, Charlotte s'impatiente :

---

* « Il était une fois une journaliste anglaise qui débarqua à New York. Elizabeth était belle et intelligente, et évidemment elle se fit immédiatement harponner par un célibataire des villes. [...] Ils se rencontrèrent un soir, lors d'une exposition, dans une galerie d'art branchée. [...] Ce fut immédiatement le coup de foudre. »

** « Est-ce que les femmes ne demandaient qu'à être sauvées ? », S3EP1.

CHARLOTTE : *I've been dating since I was fifteen, I'm exhausted, where is he?!*
MIRANDA : *Who, the White Knight?*
SAMANTHA : *That only happens in fairytales**.

Assise à son bureau, tapant sa chronique derrière sa fenêtre frappée d'une pluie battante, Carrie réfléchit à la conversation qu'elle et ses amies viennent d'avoir, et s'interroge sur la pertinence du récit de conte de fées :

*Later that day, I got to thinking about fairytales. What if Prince Charming had never showed up? Would Snow White have slept in that glass coffin forever? Or would she have eventually woken up, spit out the apple, gotten a job, a healthcare package, and a baby from her local neighborhood sperm bank? I couldn't help but wonder: inside every confident driven woman, is there a delicate fragile princess waiting to be saved****?*

L'épisode travaille la tension entre besoin d'indépendance et rêves de romance sans donner de réponse

---

* CHARLOTTE : J'ai passé quinze ans de ma vie à le chercher, maintenant je suis fatiguée, où est-il ? / MIRANDA : Qui, ton beau chevalier ? / SAMANTHA : Ça n'existe que dans les contes de fées.

** « Plus tard dans la journée, je me suis mise à repenser aux contes de fées. Et si le prince charmant n'était jamais arrivé ? Est-ce que Blanche-Neige serait restée éternellement dans son cercueil de verre ? Ou est-ce qu'un beau jour, elle aurait fini par se réveiller, recracher la pomme, trouver un boulot avec des avantages sociaux et faire un bébé grâce à la banque du sperme ? Je ne cessais de me demander si au fond de chaque femme sûre d'elle et aux convictions bien ancrées ne se cachait pas une princesse fragile et délicate qui ne demandait qu'à être sauvée. »

péremptoire à la question posée : Charlotte y rencontre un prince charmant qui s'avère en réalité avoir de graves problèmes de gestion de la colère. Ce qu'elle prend au départ pour une attitude de fier défenseur se révèle en fait être une propension démesurée à la bagarre. Miranda refuse catégoriquement d'être secourue, arguant qu'elle n'a besoin de personne, mais est finalement submergée par la gratitude lorsque Steve prend soin d'elle après qu'elle a subi une opération laser pour sa myopie et est devenue incapable de se déplacer seule. La liaison torride de Samantha avec son chevalier des temps modernes, un pompier, tourne à l'épouvante lorsque l'alarme incendie de la caserne retentit et qu'elle se fait chasser, mortifiée et presque nue, par les collègues très agacés de son amant. Carrie, quant à elle, refuse de jouer les donzelles en détresse et insiste pour rentrer seule de son rendez-vous avec Bill Kelley. Elle loupe hélas sur les douze coups de minuit le dernier ferry retour de Staten Island jusqu'à Manhattan, perdant dans sa course un escarpin, à la Cendrillon. Désemparée, elle est surprise par le klaxon de la voiture de Kelley, qui lui propose de la ramener à New York. En voix off Carrie commente : « *Well, he didn't have a white horse, but he did have a BMW with a working heater. So I guess sometimes a woman absolutely has to be rescued**. » Seulement Kelley ne sait pas trouver son chemin dans Staten Island, et le destrier motorisé du prince charmant

* « D'accord, il n'avait pas un beau destrier mais il avait une berline confortable, avec du chauffage. Bon, je pense que parfois une femme a besoin d'être secourue. »

n'a pas de GPS. Kelley demande alors à Carrie de venir à son secours. L'épisode se clôt sur sa voix off malicieuse : « *And sometimes, a woman absolutely has to rescue a man. At least that's how it ends, in this Staten Island fairytale**. »

Si la série joue avec les codes de la romance, elle le fait de manière autoréflexive, s'amusant volontiers de ses tropes éculés, et y ajoute une bonne dose de cynisme qui vient alléger un propos qui sans cela pourrait être taxé de sirupeux. Si on admet qu'elle emprunte à la comédie romantique, comme certaines critiques et universitaires l'ont suggéré, il faut la rapprocher du sous-genre de la « *nervous romance* » des années 1970[21]. Parmi ses films les plus connus, on compte les premiers Woody Allen, dont on a déjà souligné plus haut l'influence sur la série, *Annie Hall* et *Manhattan* en tête. Ces comédies romantiques « anxieuses », aux protagonistes angoissés voire névrotiques, reflètent la perte de repères liée à la libération sexuelle et aux avancées féministes des années 1960 et 1970, venues rebattre les cartes des rôles de genre traditionnels. Elles trahissent aussi une forme de désillusion pour l'idéal de l'amour romantique, liée notamment à l'explosion du taux de divorces sur la période** : il est

---

* « Il arrive parfois aussi qu'une femme porte secours à un homme. Du moins, aujourd'hui, c'est ainsi que se termine le conte de fées de Staten Island. »

** Au début des années 1950 aux États-Unis, autour de 20 % des mariages se terminent par un divorce. Ce chiffre augmente pendant les deux décennies suivantes pour atteindre 53 % en 1979. On constate un phénomène similaire en France. Dans les deux cas, l'augmentation est liée à une simplification des procédures de divorce, respectivement en 1969 (introduction du *no-fault divorce* – le divorce par consentement mutuel – en Californie) et en 1975.

désormais difficile d'adhérer sans retenue au mythe de l'amour qui dure toujours. *Sex and the City* est la digne héritière de ces comédies, portées jusqu'alors par des cinéastes et personnages masculins. Beatriz Oria remarque que la forme sérielle se prête particulièrement bien à la représentation de cette nouvelle ère post-romantique. Son fonctionnement cyclique, répétitif, développé sur le temps long, permet aux quatre femmes d'éprouver de nouvelles relations semaine après semaine, un épisode se concluant sur la fin d'une histoire afin que le suivant puisse en amorcer une nouvelle[22]. Il en résulte un sentiment d'instabilité, une impression que jamais les quatre amies ne parviendront à « trouver le bon ». Si *Sex and the City* déplace la *nervous romance* sur le chantier télévisuel, elle s'inscrit en porte à faux des comédies romantiques de sa propre époque, entrées depuis les années 1980 dans un cycle dit « néotraditionnel[23] », avec un retour à des histoires d'amour édulcorées et idéalisées et une absence notoire de mise en scène de la sexualité (on pense à des classiques comme *Nuits blanches à Seattle* ou *Vous avez un message*, par exemple), mais aussi un recours systématique aux fins heureuses, présentées comme inéluctables et évidentes, sans aucune prise en compte des réalités sociologiques contemporaines. Face à ces comédies romantiques, *Sex and the City* détonne. Elle démontre qu'au tournant du nouveau millénaire le rapport à l'amour est encore profondément marqué par ce que la sociologue Eva Illouz décrit comme « une incertitude généralisée, chronique, structurelle qui préside à la formation des relations sexuelles et amoureuses[24] », et par la peur de ne pas réussir à atteindre l'objectif que des décennies de fictions littéraires et cinématographiques ont vendu comme l'aboutissement d'une vie : trouver « *the One* », « le bon », l'âme sœur, l'amour de sa vie.

C'est Mr. Big, archétype de l'âme sœur – si archétypal, d'ailleurs, qu'on ne découvrira son vrai nom que dans le tout dernier épisode* –, qui remplit cet office pour Carrie. Au long des six saisons de la série, Carrie et Big se séduisent, se courtisent, se ravissent et se déchirent, sans jamais parvenir à se détacher l'un de l'autre. Pourtant, vingt-cinq ans après la première diffusion de la série, ce que l'on nous a vendu tout ce temps comme une grande et belle histoire d'amour est aujourd'hui relu comme un cas typique de relation toxique (un mot qui, à l'époque, n'était pas non plus entré dans le vocabulaire courant). Dans la presse anglophone et francophone[25] sur la toile, dans des essais (*Mister Big ou la glorification des amours toxiques*, par India Desjardins, 2021), on décortique un à un tous les *red flags* de leur histoire. Dans son podcast *Are You a Charlotte?*, Kristin Davis demande : « Est-ce que Mr. Big est un f*** boy ? » – censurant le mot *fuckboy*, qui désigne un homme séduisant, sûr de son charme, qui multiplie les conquêtes à qui il promet monts et merveilles sans réelle intention de s'engager. Big ne s'y trompe pas lui-même, frappé par un rare éclair de lucidité (S5EP3) : lorsque Carrie

* Dans une interview, Michael Patrick King explicite ce choix : « Il doit avoir un nom. Maintenant qu'il a enfin compris que Carrie était la bonne, il devient réel. » Armstrong, *op. cit.*, p. 189.

profite de la promotion de son livre en Californie, où il vit désormais, pour lui donner rendez-vous, bien décidée à s'accorder une rechute pour un coup d'un soir, elle le trouve dans un terrible état de contrition après qu'il a lu son livre. Rongé par la culpabilité de lui avoir fait subir ces horreurs, il le lui lit passage après passage et implore son pardon, incapable de la toucher par peur de lui faire plus de mal encore (la prise de conscience a ses limites : le lendemain matin au réveil, sa repentance d'un soir ayant visiblement soulagé sa culpabilité, c'est finalement lui qui amorce un rapport avec Carrie). Hormis cet aparté rendu comique par sa démesure, Mr. Big est présenté comme le grand amour de Carrie. C'est autour de lui qu'elle gravite, c'est à lui qu'elle revient toujours. L'histoire se clôt d'ailleurs sur un *happy end.* Dans un geste romanesque, Big se rend jusqu'à Paris pour secourir une Carrie délaissée par Aleksandr, son petit ami russe, et lui déclarer son amour. Sur le pont des Arts, il annonce : « *It took me a really long time to get here. But I'm here. Carrie, you're The One**. » Cette fin somme toute assez convenue, qui vient réaffirmer le mythe de l'âme sœur et placer Carrie dans la position de la princesse sauvée par le prince charmant, n'est pas du goût de tout le monde. Au premier rang des déçus figure Darren Star, le créateur de la série lui-même, qui avait laissé les rênes à Michael Patrick King après son départ à la fin de la saison 3. Interrogé sur ce grand final, Star

---

* « Il m'a fallu beaucoup de temps avant d'arriver jusqu'ici. Mais à présent je suis là. Et je suis très heureux d'être là. Carrie, il y a que toi. »

ne cache pas son mécontentement. Il estime que la fin « a trahi le message de la série » et que Big occupe une place beaucoup trop importante dans cette fiction qui « était censée être à propos de femmes qui ne sont pas définies par leurs rapports à un homme », « dont l'épanouissement personnel ne dépend pas uniquement d'un homme »[26], un avis que partage aussi Candace Bushnell. En 2021, interrogée sur l'héritage de l'adaptation, elle critique ce final « pas très féministe. […] Le fait que Carrie réussisse à avoir Big, ça ne devrait pas être ce qu'on retient de l'histoire à la fin[27] ». Côté public, les réactions sont partagées : les romantiques invétérés se réjouissent que Big et Carrie se soient enfin trouvés, tandis que les plus cyniques se désolent du fait que la série ait semble-t-il perdu sa boussole en cours de route. Il faut dire aussi que les fins de série sont un exercice périlleux[28], dont l'exécution fait rarement consensus auprès des fans, en témoignent les débats autour de la fin de séries emblématiques, comme celle de *Lost*, par exemple, qui pour certains fans relève du génie et pour d'autres gâche tout.

Il serait injuste de réduire l'idéologie et le propos tenu par une série entière – 94 épisodes en tout, dans le cas de *Sex and the City* – à sa seule fin, toute convenue et normative qu'elle soit. Celestino Deleyto, spécialiste de la comédie romantique, défend l'idée que les critiques et chercheurs et chercheuses font erreur en focalisant leurs analyses sur le traditionnel *happy end*, qui, le plus souvent, c'est vrai, constitue une célébration du mariage, de la monogamie et de l'hétéronormativité. Au contraire, selon lui, c'est au milieu du récit qu'on trouve le propos le plus riche, le plus complexe et le plus subversif, et donc le plus intéressant : moment propice à la négociation des normes sociales et des injonctions qui pèsent sur les rapports amoureux à une période donnée, le milieu est le lieu de la nuance où l'on perçoit le mieux les inquiétudes et préoccupations culturelles de l'époque dans laquelle le film s'inscrit[29]. Il en est exactement de même pour *Sex and the City*, une fiction monstre de quelque 47 heures qu'on ne saurait résumer à sa dernière demi-heure. Que nous dit donc *Sex and the City* des relations amoureuses à l'orée du XXIe siècle ?

Un portrait sans fard de la scène amoureuse

À l'image de son alter ego Candace Bushnell, Carrie se présente comme une sorte d'anthropologue des mœurs amoureuses et sexuelles modernes. Ses méthodes sont à mi-chemin entre l'enquête de terrain (les micros-trottoirs des deux premières saisons, qui répondent à des questions telles que « *What are the break-up rules**? », « *Why are there so many great unmarried women, and no great unmarried men***? » ou encore « *Has monogamy become too much to expect****? »)

---

* « Quelles sont les règles de la rupture ? », S2EP1.

** « Pourquoi y a-t-il autant de super nanas célibataires, et que des nuls chez les célibataires mâles ? », S1EP1.

*** « Peut-on croire à la monogamie dans une ville comme New York, où le danger en bas résille vous fouette à chaque coin de rue ? », S1EP7. Le doublage réintroduit ici l'idée de rivalité féminine, et des autres femmes comme d'un danger dont il faut se méfier, un élément absent de la tirade et l'observation participante. En effet, loin d'analyser les us et coutumes de ses congénères depuis une position de retrait, Carrie prend pleinement part aux échanges et rituels de séduction, et donne de sa personne pour saisir le pouls d'une sphère amoureuse en pleine reconfiguration dans le New York des années 2000. Comme le clame haut et fort Samantha dans le premier épisode, « *this is the first time in the history of Manhattan that women have had as much money and power as men... plus the equal luxury of treating men like sex objects** ». Au gré des épisodes, la série établit une typologie des profils de célibataires qui peuplent Manhattan, dont certains sont directement empruntés à Bushnell, surtout dans la première saison. On y trouve les *toxic bachelors* et les *modelizers* (des hommes qui ne sortent qu'avec des mannequins), tandis que, côté femmes, on est susceptible de croiser les *international crazy girls*, les *secretary models* (des secrétaires que les hommes d'affaires se choisissent et qui s'avèrent *par un très grand hasard* ressembler à des mannequins) ou, pour les plus hors des clous, les *power lesbians*, qui impressionnent par leur prestance et le fait qu'elles semblent toujours se déplacer en bande.

Le ton est cynique, et les désillusions amoureuses fréquentes. Dans « *The Freak Show* » (S2EP3), Miranda

---

originale. En montant les femmes les unes contre les autres, le doublage introduit un élément patriarcal qui ne figure pas dans la version anglaise.

* « c'est la toute première fois dans l'histoire de Manhattan que les femmes ont autant de fric et de pouvoir que les hommes... plus la liberté de traiter ces messieurs comme des objets sexuels ».

l'affirme : tous les hommes de plus de trente ans qui sont encore célibataires sont des *freaks*, des bêtes de foire qui ne cachent qu'un temps leur tare secrète. Décidée à lui donner tort, Carrie se lance dans une série de rencards tous plus désastreux les uns que les autres : du documentariste qui se vante de faire des films sur les espèces menacées – dont il n'a en réalité que faire – au riche homme d'affaires doublé d'un fervent cleptomane de livres à 1 dollar vendus sur les petits étals de bouquinistes. Accompagnée d'une musique de cirque de circonstance, la voix off de Carrie prend des intonations de Monsieur Loyal pour commenter la scène et présenter un à un les spécimens du *freak show* qu'est devenue New York : « *Step right up, folks [...], to see The Man With No Soul* », « *Parents, please keep the kiddies away from the cage of The Man Who Steals Cheap Used Books for No Reason!* »*. L'épisode donne pour un temps raison à Miranda : tous les hommes que les quatre amies fréquentent dans l'épisode sont des *freaks*. Mais lorsque Carrie rencontre enfin un homme normal et finit par passer la nuit chez lui, un accès de paranoïa la pousse à retourner l'intégralité de son appartement à la recherche de sa tare cachée. L'homme la surprend et la juge sévèrement : finalement, c'est elle la *freak* de l'histoire. L'épisode dresse un portrait peu flatteur – mais très amusant – des célibataires trentenaires, hommes comme femmes, semble-t-il rendus fous par une décennie

---

* « Approchez, mesdames et messieurs [...], venez admirer l'Homme Qui Vendrait Son Âme ! », « Conseil aux parents : écartez vos enfants de la cage de l'Homme Qui Vole des Livres Bon Marché Sans Raison Apparente ! ».

d'histoires d'amour déçues, échaudés par les mauvaises surprises, épuisés de devoir encore y croire.

La lassitude exprimée par les quatre amies préfigure de plusieurs années un phénomène accentué par l'émergence des applications de rencontre – apparues après la fin de la série : la *dating fatigue*, concept popularisé en France par la journaliste Judith Duportail[30], qui le décrit comme une nouvelle forme de mélancolie amoureuse, un syndrome d'épuisement sentimental face à la multiplication d'expériences de rencontres superficielles et de pratiques humiliantes comme le *ghosting*, le *love-bombing* (qui consiste à bombarder de signes d'amour son ou sa partenaire au début de la relation pour arrêter subitement ensuite), le *bread-crumbing** (technique perverse pour faire miroiter la possibilité d'une relation à quelqu'un et le garder en orbite en lui envoyant des « miettes », mais sans aucune intention réelle d'aboutir à une relation amoureuse) et autres anglicismes imagés. Face aux centaines de millions de possibilités offertes par les applications de rencontre, les utilisateurs et utilisatrices sont paradoxalement susceptibles de ressentir une forme de découragement plutôt qu'un frisson d'excitation : à quoi bon investir plus de temps et d'espoir dans un début de relation si c'est pour qu'elle finisse par s'étioler ou

* Plusieurs magazines féminins proposent des articles visant à définir ces pratiques et à les repérer pour s'en protéger – le magazine *Elle* publie par exemple « *Cloaking, ick, red flags*… Petit lexique des rencontres modernes ». Le choix du titre est évocateur : il laisse entendre que ces phénomènes sont loin d'être isolés en matière de séduction.

se détériorer après quelques semaines ? Bien qu'aucune des héroïnes de *Sex and the City* n'utilise, évidemment, d'applications de rencontre dans la série originale, il est à parier que la démoralisation qu'elles verbalisent fait écho à l'expérience des trentenaires d'aujourd'hui, biberonnées aux comédies romantiques mais confrontées à des rencontres sans lendemain ou à des comportements déplaisants en matière de drague ou au sein du couple. Ce que *Sex and the City* dénonce déjà sur le mode comique s'est, vingt-cinq ans plus tard, transformé en révolte, animée par la prise de conscience d'un déséquilibre de pouvoir dans les relations homme-femme : en témoigne l'attention toute particulière portée ces dernières années à des entreprises de « révolution romantique » des rapports amoureux hétérosexuels[31], voire de remise en question radicale de l'amour romantique érigé en idéal de vie[32]. Pour les publics contemporains de la série se joue alors à la fois un rapport nostalgique à un monde où les rencontres amoureuses semblaient plus simples et authentiques que celles que l'on fait en « swipant » sur son téléphone (les quatre amies n'ont de cesse de trouver de nouveaux partenaires de manière organique, au détour d'une rue, dans une boutique ou dans un musée) et à la fois un mécanisme de reconnaissance, puisque tout un chacun est susceptible de reconnaître sa propre expérience dans leurs déboires amoureux, moyennant quelques modifications mineures : à Carrie qui se fait larguer sur un vulgaire Post-it par Berger en 2003 (S6EP7) répond le vécu de celles et ceux qui aujourd'hui se font quitter par SMS, une pratique devenue monnaie courante si l'on en croit les centaines de captures d'écran qui alimentent le compte Instagram *@tejpartexto*.

Ce qui sauve nos quatre héroïnes de la dépression romantique, c'est sans doute la distance avec laquelle elles abordent leur vie amoureuse et les rencontres qu'elles font semaine après semaine. Certains des hommes qu'elles fréquentent, en particulier dans la première et deuxième saison, ne sont même pas nommés mais seulement affublés d'un pseudonyme qui résume à grands traits leur personnalité ou la fonction qu'ils occupent dans la vie des héroïnes : outre Mr. Big, la série fait aussi mention de Mr. Pussy (Mr. Minou, en VF), Mr. Marvelous, Groovy Guy, Artist Guy, Manhattan Guy, ou encore Marathon Man. La pratique révolte une partie de la critique, qui s'offusque du traitement réducteur réservé aux personnages masculins, sans voir qu'il s'agit du renversement d'un schéma narratif qui frappe normalement les personnages de femmes dans la fiction*. Interrogée à ce sujet, Sarah Jessica Parker souligne elle-même le pied de nez : « Les personnages féminins sont complexes, mais les hommes sont réduits à être des objets sexuels… comme nous le sommes

* Ce que révèle notamment le test de Bechdel, à l'origine une plaisanterie entre la bédéaste Alison Bechdel et l'une de ses amies, qui se désolent de voir des personnages féminins si peu travaillés au cinéma. Pour qu'un film réussisse le test, il faut qu'il comporte au moins deux personnages féminins, que ces personnages aient un prénom, et qu'elles parlent entre elles d'un autre sujet que de leur relation avec les hommes. Environ 40 % des films produits entre 2000 et 2020 ne passent pas ce test.

finalement très souvent[33]. » Ce statut d'objet se ressent aussi dans une plaisanterie récurrente que fait Carrie dans la série, qui assimile les hommes à des vêtements, voire à des accessoires : d'abord dans la saison 1 (« *He was the flesh and blood equivalent of a DKNY dress – you know it's not your style but it's right there, so you try it on anyway** », S1EP3), puis à nouveau dans la saison 4 lorsque, invitée à écrire un article pour *Vogue*, Carrie propose un article sur le thème : « *Different types of men as the new accessories for fall*** » (on y apprend notamment que « *a Prada dress should always be worn with an investment banker**** », S4EP17). La métaphore est évidemment employée dans un but comique, mais, comme le souligne le philosophe Noël Carroll, à bien y regarder, les amies écoulent certainement autant d'hommes dans la série qu'il y a de paires de chaussures dans le placard de Carrie[34].

Une approche consumériste des relations amoureuses ?

On l'a dit, les comparaisons entre les hommes et les vêtements fleurissent au long d'une série (re)marquée aussi pour son obsession pour la mode, tant et si bien que les habits semblent occuper une place plus importante et plus constante que les hommes, qui, eux, vont et viennent dans

---

* « Sean était l'équivalent en chair et en os d'une robe de chez Donna Karan – vous savez pertinemment que ce n'est pas votre style, mais vous l'essayez quand même. »

** « Divers types d'hommes comme nouveaux accessoires pour l'automne. »

*** « Une tenue Prada doit toujours être portée accompagnée d'un banquier. »

la vie des quatre amies. Dans l'épisode « *Ex & the City* » (S2EP18), Carrie observe : « *We keep dresses we'll never wear again, but we throw away our ex boyfriends**. » En soulignant le caractère interchangeable voire jetable de la plupart des hommes dans la série, qui passent de mode plus vite qu'une collection printemps-été, la série s'interroge de manière autoréflexive sur la vision consumériste de l'amour qu'elle met pourtant elle-même en place, vision renforcée cent fois par la terminologie employée dans les dialogues et dans les commentaires de la voix off.

En matière de conduite amoureuse, tout est mathématique et se pense en termes de règles, de calculs et d'équations : « *It takes half the total time you went out with someone to get over them. [...] You and Big only went out for a year, so that means [you've] got five more months to get over him*** », ânonne Charlotte pour aider Carrie à relativiser son deuil après sa rupture (S2EP1). Dans un autre épisode, Carrie s'interroge :

> *In mathematics, we learned that "x" stands for the unknown: "a" plus "b" equals "x". But what's really unknown is: what plus what equals friendship with an ex? Is this an unsolvable equation***?* (S2EP18)

---

* « Nous gardons des robes que nous ne porterons plus jamais, et nous jetons nos ex-petits copains. »

** « C'est la loi des ruptures, toi et Big, vous êtes sortis ensemble pendant un an, il te faudra encore cinq mois pour réussir à l'oublier. »

*** « Cette nuit-là, j'ai établi un parallèle entre les ex et les x. En mathématiques, on nous explique que x, c'est l'inconnu : a plus b égal x. Pour moi, ce

Tout est mathématique, donc, mais plus encore : tout est pécuniaire. La relation est vécue comme un investissement et le vocabulaire économique prolifère dès qu'il est question de relations amoureuses : si en cas de rupture il faut savoir « réduire ses pertes* », en matière de séduction et de drague il faut placer ses billes avec prudence. Lorsque Carrie commence à fréquenter Aidan, celui-ci lui pose un ultimatum : impossible pour lui de sortir avec une fumeuse. Piquée au vif, Carrie s'agace en voix off :

> *When the hell did dating become so dump-friendly? What happened to the time when a bad kiss, or a cigarette or even a ridiculous dream was just part of a person's portfolio? In today's volatile dating market, is it wise to liquidate certain stocks at the very first signs that they might not perform as well as expected? Or are there certain things one should try to negotiate? In relationships, what are the dealbreakers**?* (S3EP5)

---

qui est vraiment inconnu, c'est ce qu'il faut additionner pour être amie avec un ex. Est-ce qu'il y a une solution à cette équation ? »

* MIRANDA : « *You have to cut your losses and get back in the game* », S2EP1. Dans la version française, la métaphore économique est absente : « Tu vas essayer de te secouer, de te remettre dans la partie. »

** On perd dans le doublage une grande partie de la métaphore : *portfolio* est remplacé par « bagage », pas de « marché », pas d'« actions » ni de « liquidation ». « Depuis quand doit-on être parfait pour sortir avec quelqu'un ? Il y avait bien une époque où un baiser pas très orthodoxe, une cigarette ou un rêve qui frisait le ridicule tout bête faisaient partie du bagage d'une personne ? Aujourd'hui, le fait de sortir avec quelqu'un est une notion tellement éphémère qu'il est plus sage de faire un tri impitoyable aux premiers

L'amour est un « marché » sur lequel tout apprenti *trader* est libre d'acheter des « actions » et de les « liquider » si elles ne s'avèrent pas suffisamment profitables. La notion de *dealbraker*, qui trouve ses origines dans le monde des affaires, désigne initialement un obstacle qui met fin aux négociations économiques et empêche les parties de signer un contrat. Son utilisation dans la sphère romantique est attestée à partir de la fin des années 1990 – c'est-à-dire au moment de la diffusion de *Sex and the City*, qui a probablement participé à populariser le terme – et dit bien le glissement vers une approche raisonnée et calculée des relations amoureuses, aux antipodes de la tradition romantique du XIXe siècle, caractérisée au contraire par la passion, la démesure et l'intensité dramatique. On a souvent dit de *Sex and the City* qu'elle était empreinte de l'éthique capitaliste et néolibérale qui marque la fin du XXe siècle[35], caractérisée par une emphase de l'individualisme et du consumérisme débridé, présentés comme vecteur d'émancipation et d'empowerment. Cela se ressent bien sûr dans les habitudes de consommation de plus en plus ostentatoires des quatre amies (on apprend par exemple au cours de la saison 4 que Carrie possède plus de 40 000 dollars de chaussures), mais aussi dans leur rapport à l'amour, qu'on pourrait qualifier de marchand. Outre la multiplication des conquêtes et des histoires passagères, qu'on peut voir cyniquement comme le signe

signes d'incompétence ou de défauts. Alors qu'il y a peut-être des choses sur lesquelles on peut négocier. Dans une relation, qu'est-ce qui peut bien briser toute négociation ? »

d'une approche consumériste des relations[36], force est de constater que, à l'exception de Miranda, l'intellectuelle qui fantasme sur des réalisateurs de documentaires, des journalistes pour *The Economist* ou des docteurs (S2EP6, S2EP7, S6EP9), les héroïnes de *Sex and the City* sont toutes à la recherche d'un bon parti, comprendre : un homme riche. Mr. Big est décrit dès le premier épisode comme un magnat de la finance, d'où son surnom : en anglais, on le qualifierait de « *big shot* », c'est-à-dire quelqu'un d'important. On dit de lui qu'il est le prochain Donald Trump, qui fera d'ailleurs une apparition éclair plus tardivement dans la série. On réfère ici bien évidemment à la fortune de l'homme d'affaires, la série n'ayant pas pu anticiper (et pourtant *Les Simpson* l'ont fait !) la carrière politique de Donald Trump. On n'en apprendra pas plus sur le métier de Big, et sa vie professionnelle ne fait jamais l'objet d'une quelconque conversation avec Carrie au long des 6 saisons : ce qui apparaît clairement en revanche, c'est qu'il est fortuné, un élément qui contribue à séduire Carrie.

De manière générale, lorsque l'une des amies rencontre un nouvel homme, la voix off de Carrie nous apprend rapidement ce qui fait son charme – le plus souvent son statut économique et sa profession, toujours enviables. Au sujet d'une nouvelle conquête de Charlotte, qui faisait plus tôt dans le même épisode le portrait type de l'homme qu'elle souhaitait rencontrer (« *a nice, sweet, handsome, funny, great guy** »), Carrie précise : « *His name was Arthur. He was*

* « Un garçon tendre et gentil, doux, beau et drôle. »

*a nice, sweet, handsome, funny, great investment banker who lived between Madison and Fifth** » (S3EP1). Tous les critères énoncés par Charlotte sont bien là – mais l'information qui importe le plus ici, on le comprend, c'est son patrimoine financier et le fait qu'il vive dans un des quartiers les plus huppés de New York. Une très grande fortune est même susceptible de faire céder les héroïnes sur leurs critères et leurs attentes. Ainsi, lorsque Samantha se voit offrir un verre par un ami senior de Donald Trump dans un bar, elle le remercie d'abord poliment, en répondant qu'elle a déjà un verre. Lorsqu'il renchérit et propose de lui offrir plutôt une île, elle se montre soudainement plus intéressée et accepte de passer la soirée avec lui (S2EP8). Le lendemain, elle en discute avec Carrie :

> Samantha : *What's your age limit with men?*
> Carrie : *Fifty?*
> Samantha : *Factoring millions and millions of dollars?*
> Carrie : … *Fifty?*
> Samantha : *Well… I just met the cutest older man.*
> Carrie : *How old? Fifty?… Sixty?* (Elle s'arrête net.) *Honey, is he on Medicare**?*
> Samantha : *I'm guessing seventy-two… A young seventy-two!* (Carrie reste interdite.) *Your silence reeks of ageism!*

* « Il s'appelait Arthur. Il était tendre, gentil, doux, beau et drôle, et il était conseiller en investissement et vivait entre Madison et la Cinquième Avenue. »

** Medicare est le nom donné au programme fédéral d'assurance santé pour les plus de 65 ans aux États-Unis.

CARRIE : *Are you serious?*
SAMANTHA : *He took me to dinner at Jean George, we got right in, no reservation needed*!*

Davantage séduite par la richesse et le statut de cet homme que par sa personnalité ou son physique, Samantha finit par accepter de coucher avec lui (à la condition d'éteindre toutes les lumières), et se surprend à apprécier sa fougue, rendue possible par une pilule de Viagra. La réalité la rattrape néanmoins lorsqu'il se lève pour aller aux toilettes et qu'elle aperçoit ses fesses flasques et tombantes. Elle s'enfuit alors en courant pour ne plus jamais revenir : si l'argent n'achète pas le bonheur, tout l'argent du monde n'achète pas non plus, visiblement, le sex-appeal.

Ce que la richesse des hommes que les quatre amies fréquentent permet, c'est un accès à un mode de vie privilégié (Charlotte emménage dans le sublime appartement de Trey, situé sur la prestigieuse Park Avenue, lorsqu'ils se marient – et se bat pour le garder après le divorce), mais surtout à des cadeaux luxueux, érigés en preuves d'amour

* SAMANTHA : Avec les hommes, c'est quoi ton âge limite ? / CARRIE : Cinquante ? / SAMANTHA : Et si le type est plusieurs fois millionnaire ? / CARRIE : ... Cinquante ? / SAMANTHA : Eh bien... j'ai rencontré un homme plus âgé que moi. / CARRIE : Quel âge ? Cinquante ?... Soixante ? (*Elle s'arrête net.*) Est-ce qu'il est dans une petite chaise ? / SAMANTHA : Il a à peine soixante-douze ans ! Et il fait encore très jeune. (*Carrie reste interdite.*) Ton silence transpire le mépris du troisième âge ! / CARRIE : Est-ce que tu es sérieuse ? / SAMANTHA : Il m'a emmenée dîner au Jean-George, on n'a même pas eu besoin de réserver !

incontestables. Beatriz Oria remarque dans son ouvrage que, hormis Charlotte, aucune des héroïnes de *Sex and the City* ne semble particulièrement sensible à la romance – la plupart, même, sont assez réticentes aux grands gestes romantiques et déclarations passionnées, qui les mettent mal à l'aise. Dans la saison 6, Carrie rencontre Aleksandr Petrovsky, un artiste plasticien russe lui aussi fortuné, à en croire son impressionnant loft new-yorkais. Petrovsky est plus âgé que Carrie, il est étranger, s'exprime avec un fort accent slave mais, surtout, ses codes amoureux sont ceux du Vieux Monde, marqués par une longue tradition romantique. Pour prouver son amour à Carrie, il multiplie les démonstrations romanesques : il compose pour elle un air qu'il lui joue au piano et qu'il intitule, en français (approximatif), « La femme avec les yeux lumineux », lui lit en russe ses poèmes d'amour préférés au coin du feu, lui demande de danser avec lui au son des violons au beau milieu des rues de Manhattan, juste devant l'opéra (S6EP14). Loin d'être charmée par ces élans romantiques, Carrie est embarrassée, voire un peu rebutée, comme elle l'explique à ses amies autour d'un déjeuner : l'attitude de Petrovksy est tour à tour décrite comme tarte (*cheesy*), écœurante (*ick*), hypocrite (*not genuine*) et tape-à-l'oeil (« *It's just pure show** »). En somme : il en fait des caisses (« *It's too much!* » lui dira Carrie plus tard), au point que, paradoxalement, son romantisme devient un tue-l'amour. Petrovsky prend note du malaise de Carrie et entreprend de lui prouver son affection dans son langage à

* « C'est du spectacle. »

elle. Attentif à ce que Carrie présente comme son « poème préféré » (un article issu de *Vogue* qu'elle lui lit en réponse à son poème en russe), il l'attend la semaine suivante avec un emballage cadeau délicat qui renferme la robe Oscar de la Renta dont le magazine faisait la promotion. Cette fois, Carrie se montre beaucoup moins embarrassée par ce cadeau pourtant tout aussi extravagant.

On pourrait voir là une forme d'hypocrisie de sa part, mais la série se garde bien de condamner moralement cette vision consumériste de l'amour, qu'elle regarde plutôt avec une forme de tendresse. Carrie et ses amies sont en réalité des purs produits de leur époque, marquée depuis le début du xxe siècle par un enchevêtrement de plus en plus inextricable de l'amour romantique et de la société capitaliste, dans laquelle l'amour est devenu un marché (on pense aux applications de rencontre, dont le modèle économique est basé sur la recherche de l'amour, mais aussi à l'industrie du mariage, qui représente plusieurs centaines de milliards de dollars à l'échelle mondiale) et les biens de consommation des preuves d'amour, notamment autour de fêtes comme la Saint-Valentin ou de certains produits associés à la sphère romantique, comme les bijoux. La sociologue Eva Illouz consacre de nombreux ouvrages à ce phénomène* et met

* Dans leurs traductions françaises, on peut citer notamment *Les Sentiments du capitalisme*, *Pourquoi l'amour fait mal. L'expérience amoureuse dans la modernité* et *La Fin de l'amour. Enquête sur un désarroi contemporain*, tous parus au Seuil, en 2006, 2012 et 2020, ou encore *Les Marchandises émotionnelles*, ouvrage collectif qu'elle dirige chez Premier Parallèle, paru en 2019.

au jour ses conséquences, parmi lesquelles la « romantisation des marchandises » – quoi de plus emblématique de cette fusion de la romance et de la consommation ici que le « *Hello lover* » sulfureux lancé par Carrie à... une paire de Louboutin (S4EP18) – et la rationalisation du choix amoureux. Dans un monde où les relations amoureuses et les individus eux-mêmes deviennent des marchandises, les partenaires potentiels sont évalués sur la base de critères de désirabilité* qui doivent tous être mesurables : statut social, richesse, apparence et conformité aux normes physiques, éducation, nombre d'amis et leurs statuts, sont autant d'éléments qui constituent le « capital » séduction d'un individu. Parce que l'amour devient une conduite rationnelle et logique, on est plus susceptible de choisir un partenaire dont le capital est équivalent au sien : même niveau d'éducation, même classe sociale, même appartenance ethnique, etc., ce qui permet la maximisation des profits au sein du couple**, et renforce en retour la reproduction sociale et symbolique théorisée par Pierre Bourdieu dans *La Distinction*[37].

---

* Dans son premier ouvrage, *L'Amour sous algorithme* (Goutte d'Or, 2019), Judith Duportail mène l'enquête sur le fonctionnement de Tinder et révèle notamment que l'application attribue à chaque profil un « score de désirabilité » basé sur ces mêmes critères, afin de proposer aux utilisateurs des profils qui leur seraient statistiquement équivalents.

** Dans son article « A Theory of Marriage : Part I », le Prix Nobel d'économie Gary Becker analyse dès le début des années 1970 les relations amoureuses à l'aide de la théorie économique. Il montre que les choix romantiques sont souvent affaire de calculs basés sur le statut social ou le potentiel économique et visant à maximiser les gains du couple.

On a souvent reproché à *Sex and the City* d'être aveugle aux enjeux de race et de classe – une accusation en partie fondée, on y reviendra. Pourtant, la série propose bel et bien un arc narratif autour du rôle joué par la classe sociale dans les relations amoureuses, à travers l'histoire de Miranda et Steve. L'épisode « *The Caste System* » (S2EP10) en particulier permet à la série de s'interroger sur les dynamiques d'endogamie sociale qui marquent les rapports amoureux des héroïnes. La question centrale de l'épisode est inspirée par une conversation entre les quatre amies dans un salon de manucure et pendant laquelle Miranda parle de sa relation avec Steve. L'une est une brillante (et riche) avocate, l'autre est un barman sans le sou – et pas un « artiste slash barman » comme Miranda le précise à Charlotte : « *No aspirations beyond shaking cocktails and refilling peanut bowls**. » Cela ne lui pose, à elle, aucun problème. Charlotte, en revanche, ne parvient pas à comprendre comment Miranda peut sortir avec Steve – la classe sociale lui semblant être le facteur le plus important (et oblitérant tous les autres, dont la compatibilité sexuelle) dans le choix d'un partenaire :

> SAMANTHA : *How is he in bed?*
> MIRANDA : *There are no words.*
> SAMANTHA : *Sounds like a dream relationship to me… […]*

---

* « Aucune ambition ne se cache derrière les cocktails ni derrière le remplissage des bols de cacahuètes. »

> CHARLOTTE : *Honestly! I don't know how you can get serious with a guy whose entire future is based on tips.*
> CARRIE : *Wait a minute. Rich men date not so rich women all the time. I mean come on, look at me and Big. It's not about money, it's about compatibility.*
> CHARLOTTE : *Yeah but it's normal for the guy to have more money.*
> LES TROIS AUTRES, EN CHŒUR : *Ugh come on! [...]*
> CHARLOTTE : *But you are talking about more than a difference in income, you're talking about a difference in background and education... this guy is working class. [...] You're trying to pretend like we live in a classless society, and we don't**.

Elle fait alors un signe de tête vers le bas. La caméra suit son regard et se positionne sur un plan large en contre-plongée, qui révèle à leurs pieds quatre travailleuses de dos, accroupies et voûtées sur leur tabouret bas,

---

* SAMANTHA : Et il est comment au lit ? / MIRANDA : Au lit, il est royal. / SAMANTHA : Alors tu as trouvé l'homme ideal, à mon avis ! [...] / CHARLOTTE : En toute honnêteté, quelle relation peut-on avoir avec quelqu'un qui n'envisage l'avenir qu'avec des pourboires ? / CARRIE : Qu'est-ce que tu racontes ? Tu sais très bien que les hommes riches ne sortent pas qu'avec des femmes riches, voyons ! Regarde, tu as un bon exemple avec moi et Big. C'est pas basé sur l'argent ! C'est qu'une question d'entente. / CHARLOTTE : Oui mais c'est normal que l'homme ait plus d'argent. / LES TROIS AUTRES, EN CHŒUR : Oh, Charlotte, je t'en prie ! C'est pas vrai. [...] / CHARLOTTE : Mais là nous ne parlons pas que de la différence de revenus. Nous parlons d'une différence de vie et d'éducation. Ce garçon est de la classe ouvrière ! [...] Mais enfin vous n'allez pas me faire croire qu'on vit dans une société sans différences de classe, je refuse de le croire !

occupées à leur faire à chacune une pédicure pendant que les quatre amies discutent de la pertinence de la classe sociale depuis leur position surplombante. La scène est chargée d'une très grande ironie – c'est toute la force de la série que de savoir adopter une position d'autocritique sur ses propres biais. Elle donne finalement en partie raison à Charlotte, qui semble la plus lucide sur le sujet, tout en remettant en question le deux poids deux mesures qu'elle défend lorsqu'elle affirme qu'il est important (et même attendu, « normal ») pour un homme d'avoir de l'argent dans un rapport de séduction.

Peu de temps après, assise face à son ordinateur, Carrie s'interroge : « *Was New York really different from New Delhi? Had our class system been replaced by a caste system? And if so: can we date outside our caste** ? » La classe sociale, définie par des critères économiques, est ici rendue plus hermétique encore par sa transposition en caste, dont l'appartenance est définie par la naissance et immuable, et qui divise la société entre désirables et indésirables (qu'en Inde on appelle « les intouchables », un terme qui dit bien l'interdit de la mixité sociale). La série prend alors le contre-pied du mythe puissant qui voudrait que les États-Unis soient une société sans classes, pour souligner au contraire la prévalence de ce critère dans les choix amoureux. Car si Miranda prétend que leur différence de classe ne la dérange

* « La ville de New York était-elle différente de New Delhi ? Notre système de classes sociales avait-il été complètement remplacé par un système de castes ? Et si c'était le cas : pouvions-nous sortir avec quelqu'un qui n'était pas de notre caste ? »

pas, celle-ci reste néanmoins toujours un sujet entre les deux amants : Miranda s'arrange pour n'emmener Steve que dans des restaurants peu chers où elle sait qu'il pourra, comme il le souhaite par galanterie, l'inviter sans que cela lui coûte la moitié de son salaire mensuel ; et lorsqu'il doit l'accompagner à un dîner professionnel donné par son cabinet, elle pâlit devant son costume miteux en velours côtelé (et son appartement insalubre, qu'elle découvre par la même occasion) et insiste pour lui payer un costume en crêpe de laine à 1 800 dollars. Par fierté, Steve refuse. Au terme de l'épisode, il paraît évident que leur différence de moyens et de milieu est un obstacle insurmontable : Steve décide de quitter Miranda, arguant qu'elle devrait être avec quelqu'un « à son niveau » (le choix des mots est criant ici : Steve montre qu'il a intériorisé le sous-entendu d'infériorité morale associée à la classe populaire). La conclusion donne pour un temps raison à Charlotte et répond par la négative à l'interrogation de Carrie : non, il n'est pas possible de sortir avec quelqu'un d'une autre caste/classe que la sienne. Mais Miranda et Steve reprendront bientôt leur histoire – une pirouette habile qui permet à *Sex and the City*, comme à son habitude, de ne pas fournir de réponse trop péremptoire aux sujets de société qu'elle aborde.

« Seule et fabuleuse ? »

Dans le quatrième épisode de la saison 2, les quatre amies se retrouvent toutes célibataires en même temps, fait rare, si l'on en croit la voix off. Ce qui m'intéresse surtout dans cet épisode, c'est la joie avec laquelle cette nouvelle est accueillie, comme un alignement des astres, un évènement heureux qui constitue une occasion de se réjouir : les quatre femmes sont désencombrées de leurs histoires de cœur, libres de profiter de la compagnie les unes des autres et de rentrer au petit matin, pas tentées de raccourcir leur folle nuit pour rejoindre un amant avant qu'il ne soit trop tard. Il est d'ailleurs frappant de voir avec quelle fréquence – et manque de considération – Carrie s'extirpe des dîners avec ses amies, dont les verres et assiettes sont encore pleins, pour rejoindre Big.

L'épisode s'ouvre sur une de ces folles nuits, dans un club de salsa, au rythme de la musique cubaine. Les quatre femmes dansent ensemble, se font tournoyer les unes les autres, boivent des shots de tequila, rient aux éclats, et quand un homme s'approche de Samantha pour lui demander si elle veut danser, elle l'éconduit : « *Oh thanks, but tonight is just us girls**. » Le phénomène est assez rare pour être souligné. On l'a dit plus haut, les héroïnes de *Sex and the City* sont effectivement très occupées à plaire aux hommes et engager des relations avec eux : ce n'est pas là qu'il faut chercher le propos révolutionnaire de la série. Là en revanche où la série détonne, peut-être paradoxalement, c'est dans sa représentation du célibat, à contre-courant des visions misérabilistes alors véhiculées par les médias, et sa mise en lumière de la pression

* « C'est gentil mais ce soir on reste entre filles. »

sociale à faire couple, puis à suivre une succession d'étapes prédéfinies desquelles il est impossible de dévier : emménagement à deux, achat, mariage, enfants…

Aux États-Unis et ailleurs dans le monde, les années 1980 et la présidence de Reagan sont marquées par un retour au conservatisme et aux valeurs néotraditionnelles de la famille et de la domesticité véhiculées notamment par les médias. Cette entreprise se poursuit dans les années 1990 et au tournant des années 2000, sous l'administration Bush, qui essaie alors de promouvoir la famille traditionnelle et de « protéger » le mariage hétérosexuel (en empêchant les tentatives des militants de l'ouvrir aux couples de même sexe). La chercheuse Diane Negra estime que le tournant du XXIe siècle constitue une période de coercition intense pour les femmes, les poussant à abandonner leur carrière et se retirer dans leur foyer, période qui n'aurait de précédent que la fin de la Seconde Guerre mondiale[38]. Dans ce contexte, la représentation des femmes célibataires dans la fiction, qui avait un temps eu le vent en poupe[39], fait un bond en arrière. La figure de la célibataire est « pathologisée » et se voit marquée par l'opprobre collectif : le spectre de la vieille fille vivant seule avec ses chats est brandi dans le but de faire peur aux femmes et de les inviter à revoir leurs critères à la baisse, à ne pas se montrer si difficiles. On n'imaginerait pas pire sort, semblerait-il, que de ne pas finir avec un homme. Alors que dans les fictions des années 1970 et 1980 la jeune femme célibataire quittait sa petite ville de province pour aller s'installer dans une grande ville (New York, Chicago…), dans les années 1990 et 2000, l'héroïne célibataire, épuisée et n'ayant pas trouvé dans la capitale l'épanouissement qu'elle croyait naïvement pouvoir atteindre, choisit de quitter sa carrière et sa vie de citadine pour rentrer dans sa ville natale, trouver l'amour, se marier et avoir des enfants. Ce schéma narratif est devenu si fréquent qu'il est un lieu commun de la comédie romantique depuis cette période.

Sex and the City fait donc figure d'ovni dans ce paysage, en offrant une vision du célibat joyeuse, pleine d'espoir, en le représentant non pas comme subi mais comme choisi. Dans un entretien donné en 2004, Darren Star l'affirme : « Pour moi, ce qui est frappant chez les héroïnes de *Sex and the City*, c'est que ce sont toutes des femmes trentenaires qui ont probablement eu des occasions de se marier mais qui ont choisi, d'une façon ou d'une autre, de rester célibataires[40]. » Les quatre amies de *Sex and the City* ne sont ni atteintes de pathologies, ni déficientes, ni abjectes : elles ont simplement choisi de ne pas renoncer à leurs attentes. Elles n'attendent pas d'être choisies : elles attendent de trouver celui qu'elles voudront, elles, choisir. La série opère donc un pas de côté par rapport aux autres figures de femmes célibataires qui marquent littérature, petit et grand écrans au même moment. Si elles évoluent dans le même monde qu'Ally McBeal et que Bridget Jones*, les héroïnes de *Sex and the City* ne sont

---

* Le livre de Candace Bushnell et celui de Helen Fielding sortent la même année, l'adaptation filmique de *Bridget Jones* en 2001 – au moment de leur sortie, les comparaisons entre les deux œuvres abondent.

ni névrotiques, ni tellement maladroites, ni obsédées par les régimes, souffrant d'un cruel manque de confiance en soi ou harcelées de questions intrusives sur leur vie sentimentale par leurs familles (notoirement absentes de l'univers de la série). Interrogée au sujet du *Journal de Bridget Jones* par le *New York Times*, Candace Bushnell rend un jugement sans appel : elle trouve le livre amusant, mais en retard de dix ans. Être célibataire à plus de trente-cinq ans à Manhattan était peut-être vu comme étrange dans les années 1980, ajoute-t-elle, mais, en 1996, cela ne ferait plus réagir personne[41].

Malgré l'affirmation de Bushnell, malgré l'intention affichée par Star, et malgré les représentations de célibataires pleines de confiance en soi et épanouies proposées par la série, le stéréotype de la vieille fille malheureuse a la vie dure. On s'étonne de lire dans certaines critiques que la série montrerait « le désespoir de la célibataire de plus de trente ans[42] », ou encore que, bien que « les héroïnes discutent de leurs vies sexuelles ouvertement et avec un ravissement manifeste, le programme véhicule aussi un sentiment palpable de solitude urbaine[43] ». On se demande néanmoins où ces critiques trouvent ce « désespoir » et cette « solitude urbaine » qui frapperaient les protagonistes (pourtant très entourées, on y reviendra), puisque, comme Jennifer Keishin Armstrong le souligne : « L'argument central de la série est précisément l'absence de désespoir chez ces femmes. Miranda privilégie sa carrière plutôt que les relations amoureuses ; Samantha privilégie le sexe plutôt que les relations ; Carrie est anxieuse à propos de

Mr. Big, mais indifférente aux autres prétendants ; seule Charlotte exprime un intérêt traditionnel pour trouver un mari[44]. » Ces affirmations semblent en réalité bien plus trahir le biais des auteurs, incapables d'imaginer qu'une femme seule puisse être épanouie, que constituer une analyse pertinente du propos tenu par la série.

Si certains méritent de revoir leur copie, d'autres se délectent du vent nouveau que souffle *Sex and the City*. En août 2000, le magazine *Time* fait poser les quatre actrices phares en une avec le titre provocateur « Who Needs a Husband? ». L'article associé propose d'explorer les raisons pour lesquelles de plus en plus de femmes semblent préférer la vie de célibataire à celle toute tracée d'épouse et mère de famille. Parker, Cattrall, Davis et Nixon sont propulsées en symboles de cette nouvelle tendance. Si l'on en croit le choix du *Time* de les mettre en couverture, elles pourraient même en être les instigatrices. Nombreuses sont les spectatrices qui rapportent que la série les a aidées à reconsidérer leur rapport au célibat. Parmi elles, Emily Nussbaum, critique de télévision et lauréate du très prestigieux prix Pulitzer, raconte son soulagement de voir les habituelles comparaisons entre sa vie de célibataire et des caricatures de vieille fille disparaître au profit de références aux héroïnes glamour de *Sex and the City*[45]. Mais la série semble aussi donner des idées aux femmes qui, elles, s'étaient coulées dans le moule du couple traditionnel. L'essai de Jennifer Keishin Armstrong s'ouvre sur cette annonce tonitruante : « J'ai quitté mon fiancé pour *Sex and the*

City. » Dans les paragraphes suivants, elle développe son histoire : la rencontre au début des études, l'emménagement ensemble à New York, pour sa carrière à lui, puis l'achat d'un appartement en banlieue, en prévision des enfants à venir, et enfin la demande en mariage – toutes les étapes attendues sont là. Mais, en chemin, Armstrong s'éprend des héroïnes de la série, et elle raconte sa fascination pour les vies qu'elles mènent, leur liberté de mouvement, leur affranchissement des conventions : « Là d'où je viens, dans le Midwest, à vingt-huit ans on a déjà dépassé la date de péremption pour le mariage. [...] *Sex and the City* m'a montré que non seulement j'étais encore jeune, mais en plus je n'étais pas obligée de me marier du tout. »[46]

Bien que l'épisode final de la série offre à la plupart de ses protagonistes des *happy ends* relativement conventionnelles, elle porte, tout au long de ses six saisons, un regard critique sur le mariage, et plus généralement sur les étapes attendues dans un couple et la plénitude que les femmes, spécifiquement, sont supposées y trouver. Dans la saison 4, Carrie retombe amoureuse d'Aidan, un ébéniste plein de bonhomie avec qui elle avait déjà eu une histoire dans la saison précédente. Lorsqu'elle risque d'être expulsée de son appartement, Aidan propose de l'acheter, ainsi que celui de sa voisine, et de casser la cloison entre les deux appartements pour qu'ils puissent y emménager ensemble (S4EP12). Carrie est hésitante, mais elle accepte. Dans le même épisode, elle trouve une bague de fiançailles dans les affaires d'Aidan, panique – vomit, même – mais attribue son émotion à la laideur de la bague choisie par Aidan plutôt qu'à un rejet du mariage en soi, et décide, à nouveau, d'accepter la proposition. Pourtant, quelques épisodes plus tard, lorsqu'elle et Miranda vont essayer des robes de mariée « pour rire » dans une boutique bon marché, l'hilarité grand-guignolesque tourne vite au drame quand Carrie s'aperçoit dans la glace, commence à suffoquer, puis sent son dos se recouvrir de plaques d'urticaire, au point que Miranda doit déchirer la robe pour la lui enlever (S4EP15). Plus tard dans la soirée, Carrie consacre sa chronique hebdomadaire à ses tourments. La voix off retranscrit ses interrogations et met en lumière le caractère construit des attentes autour du couple :

> *After being hit by a bridal wave, I tried to get my mind around the concept of happily ever after. As progressive as our society claims to be, there are still certain life targets we're all supposed to hit: marriage, babies, and a home to call your own… but what if instead of breaking out in a smile, you break out in a rash? Is something wrong with the system, or is it you? And do we really want these things or are we just programmed**?

* « Après avoir été heurtée par une vague matrimoniale, j'ai essayé de concentrer mon esprit sur le concept du bonheur pour l'éternité. Bien que notre société clame haut et fort qu'elle est pour le progrès, il y a toujours des passages dans l'existence auxquels on ne peut pas échapper : le mariage, les enfants et l'achat d'une maison. Mais si à l'approche du mariage vous réagissez par une éruption de boutons, est-ce parce que le système est pourri, ou est-ce que ça vient de vous ? Et est-ce que nous désirons ces choses, ou alors sommes-nous tout simplement programmés ? »

Le monologue souligne le décalage entre l'épanouissement que Carrie sait être censée ressentir et sa perplexité face à ce cahier des charges dont elle n'est pas sûre, finalement, qu'il lui fasse envie. Désigner le couple et ses jalons obligatoires comme résultant d'une « programmation », comme Carrie le fait ici, c'est déjà mettre le doigt sur les injonctions sociales venues imposer de l'extérieur une vision uniformisée – et hétéropatriarcale – du bonheur qui reposerait nécessairement, pour les femmes, sur la conjugalité et la maternité. Au terme de l'épisode, Carrie annonce à Aidan qu'elle n'est pas sûre de vouloir l'épouser – à vrai dire, elle ne comprend pas bien l'intérêt – et le couple se sépare. Leur discussion finale exhibe le mariage comme un acte performatif plutôt que comme une démarche sincère et désintéressée : il s'agirait surtout en réalité de se montrer au monde, de mettre en scène son amour, ou, dans le cas d'Aidan, de faire savoir à qui de droit que Carrie lui appartient (« *I want to make this official and lock this thing down. Carrie, I want the whole wide world to know that you're mine** »).

L'approche critique du mariage développée dans cet épisode n'est pas isolée dans la série : lorsque Miranda demande Steve en mariage, elle insiste pour le faire de manière purement informelle et sans cérémonial, alors qu'ils sont en train de boire des pintes au rade du

* « Je veux un mariage officiel, j'ai envie que les choses soient claires. Carrie, je veux que la terre entière sache que tu es à moi. »

coin – elle n'a pas de bague, et pas de plan. Elle choisit comme lieu pour prononcer leurs vœux un jardin communal, qu'elle trouve moins pompeux qu'une grande salle de réception, et invite une dizaine de personnes tout au plus : c'est une contre-performance aux mariages grandiloquents auxquels les héroïnes assistent dans les saisons précédentes, mais la série le présente comme un acte d'amour d'autant plus sincère et authentique qu'il n'est pas transformé en spectacle. Par contraste, le mariage de Charlotte et Trey est un mariage d'image autant qu'un mariage d'amour : un rêve de petite fille, de princesse et de prince charmant, où ce qui compte est aussi – surtout – la photographie parfaite, l'image d'Épinal. Pourtant, tout n'est qu'apparence, tout n'est que mise en scène : très rapidement, Charlotte et Trey rencontrent des problèmes insurmontables. Si Trey accepte tout de même de poser pour une double-page consacrée au couple et à leur sublime appartement dans le magazine *House & Garden* dans un pantomime du mariage parfait, la réalité est bien plus sombre : Charlotte et lui sont en pleine instance de divorce. Dans la saison précédente déjà, Charlotte, fatiguée de maintenir l'illusion, avait fini par craquer et avouer la vérité à ses amies, comparant son couple à un sac de contrefaçon que Samantha avait acheté quelques heures auparavant (S3EP14) :

CHARLOTTE : *My marriage is a fake Fendi!*
MIRANDA : *Excuse me?*

> CHARLOTTE : *Trey and I look like the perfect couple from the outside but on the inside it's all fake, it's not special**.

Pour autant, la série ne condamne pas le romantisme de Charlotte, semblant indiquer que, en effet, « quelque chose ne va pas avec le système », plutôt qu'avec elle, pour reprendre les interrogations de Carrie.

Sex and the City ne se montre pas tendre en revanche avec les femmes qui, au contraire des héroïnes, choisissent de se « ranger » à tout prix et d'abandonner leur vie de célibataire. Lorsque Carrie et ses acolytes se rendent à la *baby shower* de Laney, une ancienne amie qui a troqué sa vie de fête et d'excès contre une vie rangée avec son mari au fin fond du Connecticut, elles ne cachent pas leur mépris envers les autres convives, dont la vie semble se résumer à être au service de mari et enfants. Ces dernières ne sont pas en reste et leur jugement à l'égard des quatre amies est palpable : accusations d'égoïsme, de puérilité, et de déviance sexuelle en prime (S1EP10).

Mais l'épisode qui illustre le mieux le fossé qui sépare celles qui sont « rentrées dans le rang » et les rebelles, objet de mépris et de condamnation sociale, est très certainement « *A Woman's Right to Shoes* » (S6EP9), l'un des épisodes les plus appréciés des spectatrices, à en croire les nombreuses pages de forums qui y sont consacrées, et certainement l'un de mes préférés. Carrie

---

* CHARLOTTE : Mon mariage est une contrefaçon ! / MIRANDA : Je te demande pardon ? / CHARLOTTE : Trey et moi semblons former un couple parfait en apparence mais en vérité c'est totalement faux.

y est invitée au baptême du dernier enfant de son amie Kyra, qui exige que tous ses convives se débarrassent de leurs chaussures à l'entrée. Au terme de la soirée, Carrie constate que ses escarpins ont été volés. Kyra propose initialement de les lui rembourser, mais s'arrête net lorsque Carrie lui apprend qu'ils ont coûté 485 dollars :

> KYRA : *Come on, Carrie, that's insane.*
> CARRIE, gênée : *Well, that's what they cost.*
> KYRA : *I'll give you two hundred dollars.*
> CARRIE : *Okay... this is an awkward conversation.*
> KYRA : *I'm sorry, I just think that's crazy to spend that much on shoes!*
> CARRIE : *You know how much Manolos are, you used to wear Manolos.*
> KYRA : *Sure. Before I had a real life. But Chuck and I have responsibilities now, kids, houses... 485 like wow...*
> CARRIE : *I have a real life.*
> KYRA : *No offense, Carrie, but I really don't think we should have to pay for your extravagant lifestyle. I mean it was your choice to buy shoes that expensive**.

---

* KYRA : Oh, je t'en prie, Carrie, c'est de la folie. / CARRIE, gênée : C'est... c'est le prix qu'elles ont coûté. / KYRA : Je vais te donner 200 dollars. / CARRIE : D'accord... Je trouve cette conversation très gênante, tu sais. / KYRA : Excuse-moi, je pense seulement que c'est dingue de dépenser ça pour des chaussures ! / CARRIE : Tu connais le prix des Manolo, tu t'en achetais autrefois, rappelle-toi, Kyra. / KYRA : Oui, bien sûr, mais c'était avant d'avoir une vraie vie. Mais Chuck et moi on a des responsabilités à présent, les enfants, les maisons... 485 c'est... wow. / CARRIE : Tu sais, j'ai aussi une vraie vie. / KYRA : Ne te vexe pas, Carrie, mais je pense que nous n'avons pas à payer

La mise en scène montre Carrie et Kyra en stricte alternance de champs-contre-champs, matérialisant visuellement leurs positions inconciliables. Kyra se tient debout, tenant sa fille dans les bras, tandis que son fils est à l'arrière-plan, rappelant sa position de mère de famille. Les deux femmes se ressemblent : elles sont toutes les deux blondes, de la même classe sociale, partagent (ou du moins partageaient) le même goût pour les chaussures de luxe, pourtant les choix qu'elles ont faits les opposent – le prénom de la première est d'ailleurs le miroir inversé de celui de la seconde. On ressent dans l'échange toute la condescendance et le paternalisme de Kyra à l'égard de Carrie, dont les choix sont présentés comme puérils et égoïstes, un reproche (étrangement) souvent fait aux femmes qui décident de ne pas avoir d'enfants.

Carrie, piquée à vif, ne se laisse pas démonter : elle décide de compter ce qu'elle a dépensé pour Kyra en cadeaux de fiançailles, de mariage, de *baby showers*, de baptêmes et anniversaires des trois enfants – un total de 2 300 dollars au compteur. Charlotte rétorque que si Carrie se mariait ou avait des enfants, Kyra lui ferait elle aussi des cadeaux, mais Carrie proteste : « *And if I don't ever get married or have a baby then what? I get bubkis** *?* » L'idée lancée par Charlotte germe néanmoins dans la tête de Carrie. La semaine suivante, elle laisse un message

---

ton style de vie extravagant. C'est toi qui as choisi d'acheter des chaussures à ce prix-là, pas nous.

* « Et si je décide de ne jamais me marier et de ne pas faire de bébé, quoi ? J'ai des clopinettes ? »

malicieux sur le répondeur de Kyra pour lui annoncer qu'elle va se marier – à elle-même ! – et qu'elle a déposé sa liste de mariage chez Manolo Blahnik. L'épisode se clôt sur une scène montrant Kyra dans la boutique, où un vendeur lui apprend qu'il n'y a qu'un seul objet sur la liste de Carrie Bradshaw : les escarpins à 485 dollars qu'elle s'est fait voler. Kyra, bonne perdante, sort son carnet de chèques et les lui rachète.

L'intrigue du mariage à soi-même est absurde, mais efficace : elle montre bien comme on célèbre peu les choix de vie de celles qui ne suivent pas la voie toute tracée, et met en lumière à quel point le couple et la maternité sont souvent perçus comme les seules voies légitimes de reconnaissance sociale. Une bonne décennie plus tard, la plaisanterie a pris racine, avec par exemple la déclaration très commentée de l'actrice Emma Watson, en 2019, qui plutôt que de se déclarer célibataire choisit de dire qu'elle est « en couple avec elle-même » (*self-partnered*). Dès 2015, plusieurs articles rapportent la tendance croissante à la « sologamie », relatant même des exemples de personnes – souvent des femmes – ayant choisi de se marier à elles-mêmes (pratique purement symbolique et qui ne bénéficie d'aucune reconnaissance légale). *Sex and the City* n'invente pas l'idée – la première personne ayant organisé un automariage serait une Californienne du nom de Linda Baker, qui prononce ses vœux en 1993. Pour autant, tous les articles consacrés à cette nouvelle manière de célébrer le célibat citent ce fameux épisode de *Sex and the City* – un témoignage puissant des répercussions de la série sur les mentalités, quinze ans après sa diffusion initiale.

Dans l'ensemble, *Sex and the City* propose des contre-modèles féminins aussi puissants qu'ils sont rares dans l'espace médiatique, en choisissant de faire résister ses héroïnes aux normes et injonctions sociales : Samantha, qui refuse longtemps l'idée même du couple, ne se marie jamais – et finira dans le premier film de la franchise par quitter Smith après avoir réalisé s'être complètement perdue dans la relation. Sa phrase de rupture : « *I love you, but I love me more* », déjà prononcée face à Richard dans la saison 3, est un hymne à l'autodétermination et à l'épanouissement personnel. Ni Carrie ni Samantha ne deviendront jamais mères. Dans mes souvenirs de spectatrice, elles n'en exprimaient jamais l'envie, ni d'ailleurs aucun doute autour de la question de la maternité – un point que je trouvais proprement révolutionnaire et qui justifiait mon propre attachement à la série, tant les modèles de femmes ne souhaitant pas devenir mères sont rares dans les productions médiatiques et culturelles contemporaines : *Sex and the City* constituait pour moi un espace de repos des injonctions à la maternité martelées partout ailleurs. J'ai été étonnée de constater, en revoyant la série, que ma mémoire m'avait trompée : en réalité, seule Samantha se montre inébranlable dans son non-désir d'enfant, ne peinant pas à imaginer qu'une vie puisse être tout à fait épanouissante sans enfants. Carrie, elle, tergiverse au sujet des enfants à plusieurs reprises – elle hésite par exemple à quitter Aleksandr Petrovsky dans la saison 6 parce que lui est certain de ne plus vouloir d'enfants et qu'elle a désormais trente-huit ans (S6EP15). Elle affirme même dans la première saison, interrogée par la grand-mère de Stanford, qu'elle veut se marier et fonder une famille (S1EP9). Si mes souvenirs distordus peuvent être lus comme une marque de mes propres biais, ils n'invalident pas la nuance avec laquelle la série interroge la *nécessité*, voire l'*évidence*, de la maternité dans une vie de femme, à travers Carrie et Samantha, mais aussi à travers Charlotte, qui, face à son infertilité, doit se demander à quel point devenir mère compte, et Miranda, qui offre une image de la maternité à contre-courant des représentations traditionnelles et essentialistes : pas de féminin sacré, pas d'instinct maternel immédiat, pas d'extase à l'annonce du sexe du bébé, elle accueille cet enfant dans sa vie de la même manière que tout le reste – avec pragmatisme et une bonne dose de cynisme.

Il arrive ponctuellement, bien entendu, que les quatre amies, rappelées brutalement à ce qui est attendu d'elles, traversent des moments de panique à l'idée de finir seules. C'est le cas dans l'épisode « *Four Women and a Funeral* » (S2EP5), dans lequel Miranda achète un appartement seule (une audace que ne manquent pas de souligner tous ses interlocuteurs, de l'agente immobilière au courtier qui assure son prêt, dans une litanie de : « *It's just you** ? »), puis manque de s'étouffer avec son repas. Elle s'en sort

* « Alors il n'y a que vous ? »

en pratiquant une automanœuvre Heimlich contre ses cartons de déménagement, mais reste très secouée par l'expérience. Traumatisée par une histoire contée par sa voisine, elle s'inquiète de mourir seule et d'être dévorée par son chat. Sa crise de paranoïa la pousse à tripler la dose de croquettes du félin, mais la mène surtout dans un tourbillon d'angoisse à cause duquel elle fera tout de même un bref passage à l'hôpital pour se faire diagnostiquer des crises de panique. Même la cynique et indépendante Miranda est parfois en proie, donc, à la peur du célibat. Pour autant, ses craintes sont dissipées à la fin de l'épisode, et elle profite ensuite avec une joie non dissimulée de son appartement à elle et de sa solitude.

Parfois, la peur de finir seules – mais n'est-ce pas surtout la peur de l'opprobre social qui frappe les femmes célibataires ? – pousse les héroïnes à se jeter sur le premier venu. C'est le cas notamment dans l'épisode « *They Shoot Single People, Don't They**? » (S2EP4), évoqué plus haut. Au début de la soirée, Carrie fait promettre à ses amies de la laisser rentrer chez elle tôt ce soir-là. Elle doit le lendemain être photographiée par le *New York Magazine*, qui consacre sa une de la semaine à vingt femmes célibataires de Manhattan sous le titre : « Single and Fabulous**! ». Emportée par la salsa et la bonne

---

* Une des nombreuses références cinématographiques dans les titres d'épisode. On renvoie ici à *They Shoot Horses, Don't They?*, réalisé par Sydney Pollack en 1969.

** « Seule et fabuleuse » dans le doublage VF. « Célibataire » serait une traduction plus fidèle que « seule ».

compagnie, Carrie oublie ses obligations, rentre finalement au petit matin, et s'endort. Elle est brusquement réveillée par un appel de Stanford, qui la houspille sur son retard, et arrive avec plus d'une heure de retard à la séance photo, échevelée, les yeux cernés et de mauvaise humeur. Quelques jours plus tard, elle découvre, horrifiée, la couverture du *New York Magazine* dans son kiosque à journaux : elle y apparaît cheveux sales, traits tirés et yeux pochés, une cigarette à la main et l'air particulièrement maussade – bien loin de l'image glamour et « fabuleuse » que Carrie espérait incarner. Sous sa photo, le titre du numéro s'enquiert : « Single and Fabulous? », un point d'interrogation qui fait toute la différence. Au grand désespoir de Carrie, son image est en réalité utilisée pour illustrer un article particulièrement méprisant sur les quarantenaires (insulte supplémentaire : Carrie n'a alors que 33 ans) qui s'imaginent encore jeunes et fringantes mais sont en réalité sur le déclin. On en entend quelques bribes à mesure que les quatre amies le lisent ensemble : « *Single was fun at 20. But you want to ask these women: How fun will all nightclub hopping be at 40? [...] Filling their lives with an endless parade of decoys and distractions to avoid the painful fact that they're completely alone**. »

Le clin d'œil est ici évident : les scénaristes de la série reprennent à leur compte certaines des critiques émises

* « Être seule à vingt ans c'est amusant, mais on a envie de leur dire : "Demandez-vous si vos folles nuits ne seront pas plus vides à quarante ans ?" [...] Elles emplissent le vide de leur vie de moult artifices et de distractions dans le seul but d'éviter de voir leur amère situation. »

à l'encontre de la première saison et s'en amusent, jouant même à reprendre certains éléments de langage (le désespoir, la solitude). Dans un habile tour de passe-passe, ils répondent aux critiques formulées par la presse :

> MIRANDA : *Do you know what I say? "Fuck them, exclamation point!"*
> SAMANTHA : *Fuck them!*
> CHARLOTTE : *Yeah, fuck them!*
> CARRIE : *Charlotte said "Fuck"!*
> MIRANDA : *Every couple of years, an article like this surfaces as a cautionary tale to scare young women into marriage.*
> CARRIE : *I'm a cautionary tale? Shoot me.*
> […]
> MIRANDA : *This piece of trash has nothing, I repeat, nothing to do with us.*
> SAMANTHA : *Exactly, we are single and fabulous.*
> CHARLOTTE : *Absolutely**!*

Malgré ce pied de nez aux critiques de la série, l'épisode prend le temps d'explorer l'inquiétude provoquée par l'article du *New York Magazine*, qui sonne comme une

* MIRANDA : Vous savez ce que je dis ? « Je vous emmerde, point d'exclamation, bordel ! » / SAMANTHA : Messieurs, je vous emmerde ! / CHARLOTTE : Oui, c'est ça, je vous emmerde ! / CARRIE : Charlotte devient vulgaire ! / MIRANDA : Régulièrement on nous pond ce genre d'articles pour nous foutre la trouille. En fait c'est une incitation : ils veulent nous pousser au mariage. / CARRIE : C'est moi l'incitation ? Vas-y, achève-moi. / […] / MIRANDA : Ce tissu de conneries n'a rien, je répète, rien à voir avec l'une de nous. / SAMANTHA : T'as raison, nous on est seules et fabuleuses. / CHARLOTTE : Absolument.

mise en garde. Troublée à l'idée de n'être finalement pas si « fabuleuse » que ça, chacune accepte de revoir ses exigences à la baisse pour ne pas risquer d'être seule. Miranda renoue avec un homme qui n'a jamais réussi à la faire jouir, et, faute d'améliorations, se résout à simuler l'orgasme avec lui. Charlotte convainc un homme qu'elle voyait sporadiquement – et dont tout le charme réside dans le fait qu'il effectue des menus travaux chez elle – de ne pas partir poursuivre son rêve à Salt Lake City, mais de rester pour vivre une histoire avec elle, à New York. Même Samantha, qui rechigne normalement à la moindre forme d'engagement, se laisse séduire par un homme qu'elle vient tout juste de rencontrer mais qui lui demande déjà de passer l'été suivant avec lui dans les Hamptons. Perplexe face aux choix de ses amies, Carrie finit par douter d'elle-même : « *And then I had a frightening thought: maybe I was the one who was faking it. All of these years, faking to myself that I was happy being single**. » Au terme de l'épisode néanmoins, chaque amie met un terme à la relation médiocre dans laquelle elle s'était engagée par désespoir plutôt que par envie. Carrie, qui s'était jetée à corps perdu sur Jake, un homme croisé à une soirée (un jeune Bradley Cooper, qui signe là son tout premier rôle), décide finalement de rentrer seule. En voix off, elle explique : « *And then I realised: if I went home with him, it would be the only time I ever slept with a man to validate my*

* « Soudain une pensée effrayante m'envahit. C'était peut-être moi qui faisais semblant. Toutes ces années je m'étais joué la comédie de la fille seule et heureuse de l'être. »

life, the question mark would no longer be a question : it would be a fact[*]. »

Si l'épisode explore donc un temps l'anxiété que provoque pour les femmes le rappel de la figure repoussoir de la célibataire acariâtre et pitoyable, il réaffirme à son terme qu'il est tout à fait possible d'être trentenaire, célibataire (par choix !) et « fabuleuse ». Contrairement à d'autres épisodes aux fins plus ouvertes ou ambiguës, la conclusion est ici sans appel. Elle rappelle l'ambition de Star de mettre en scène des héroïnes qui ne soient pas définies par leurs rapports aux hommes. Alors, *Sex and the City*, série « nunuche » ? Pour moi c'est un « non » net et franc.

**« On dit que rien n'est éternel.
Les rêves évoluent, les modes passent.
Mais les amitiés ne se démodent jamais. »**[**]

En 2004, la chercheuse Deborah Jermyn publie dans *Reading Sex and the City* le résultat de son étude ethnographique, menée sur deux groupes de femmes ayant entre vingt et quarante ans, toutes fans de la série, dans le but de comprendre l'attrait du programme pour le public féminin[47]. Il s'agit pour elle, dans la lignée d'autres travaux s'intéressant à la manière dont les spectatrices reçoivent et interprètent les séries[48], de « comprendre comment les

---

* « Et soudain j'ai réalisé que si j'allais chez lui, ce serait la première fois que je coucherais avec un homme pour justifier ma vie. Il n'y aurait plus de question. Ce serait un fait. »

** Bande-annonce du film *Sex and the City*, 2008.

femmes peuvent s'émanciper à travers et apprécier des œuvres qui – comme *Sex and the City*, avec ses préoccupations pour les rencontres et le shopping – peuvent à première vue sembler ne faire que renforcer les idéologies conservatrices et patriarcales ».

Interrogées sur la présomption qui voudrait que *Sex and the City* ne parle que des hommes et de trouver l'âme sœur, les fans des deux groupes protestent – il s'agit là d'un faux procès, basé sur des arguments sans fondement. Pour toutes les femmes sondées, ce qui fait le sel de la série, sans aucun doute, c'est la focalisation qu'elle propose sur les amitiés féminines. Les hommes vont et viennent dans la vie des quatre héroïnes, mais ce qui reste de manière intangible, c'est leur amitié – c'est là, nous apprend Jermyn, que réside la principale source de plaisir pour les spectatrices de la série interrogées[49].

Il faut ici rendre hommage au jeu des quatre actrices, qui incarnent l'amitié de manière si crédible qu'elle semble naturelle, et aux directeurs du casting, qui ont su créer une alchimie convaincante en choisissant Parker, Nixon, Davis et Cattrall dans les rôles principaux. La qualité d'écriture des scénarios, qui sont caractérisés par des joutes verbales aussi vives que des matches de tennis entre les quatre personnages, y est pour beaucoup. Si la série emprunte à la comédie loufoque et ses échanges fins et pleins d'esprit entre deux amoureux, elle les transpose ici aux tandems amicaux. Force est de constater que le plaisir du verbe est surtout celui partagé entre amies, et que les conversations entre amants pâlissent souvent en comparaison de leur *debrief* le lendemain autour du brunch rituel – tant et si bien qu'on en viendrait à se demander si toutes ces aventures ne sont pas finalement surtout destinées à être racontées, décortiquées et à devenir des sujets de plaisanteries infinies entre les quatre amies. La régularité avec laquelle celles-ci se voient (tous les samedis pour le brunch, plusieurs soirs par semaine pour dîner ou boire des cocktails, sans compter les sorties shopping, les joggings à Central Park, les cours de pilates et les vernissages d'expositions), leurs vacances et excursions ensemble (un été dans les Hamptons, quelques jours à Los Angeles ou un voyage rocambolesque en train jusqu'à San Francisco), en bref, l'engagement qu'elles semblent avoir pris à passer du temps les unes avec les autres a de quoi faire des jaloux à l'heure de « l'épidémie de solitude » qui frappe la majeure partie des pays occidentaux*. La série a d'ailleurs parfois été conspuée pour son aspect « irréaliste », au motif que personne n'aurait autant de temps à consacrer à ses amis[50]. La critique est, à mon sens, infondée : si les amies ont autant de temps à s'accorder, c'est qu'elles ont choisi de faire de leur amitié (plutôt que de leur couple, ou de fonder une

---

* Le phénomène est constaté aux États-Unis, au Royaume-Uni, en France et même au Japon. Partout, on s'inquiète des effets délétères de la solitude sur la santé, mentale bien entendu, mais aussi physique, avec des risques accrus de maladies cardio-vasculaires, d'infarctus et de démence. Voir par exemple : Mischa Anouk Smith, « Londoners are lonelier than ever – I know how they feel », *Marie Claire,* 30 juillet 2024 ; Cécile Ducourtieux et Guillemette Faure, « L'"épidémie de solitude" reconnue comme un problème de santé publique », *Le Monde*, 7 octobre 2023 ; Anonyme, « La solitude, cette épidémie qui gagne du terrain aux États-Unis », *Les Échos,* 14 juin 2024 ; Anonyme, « "Ici le monde" – Japon : le pays où la solitude est reine », *RTBF.*

famille) une priorité. Il résulte de ce choix des relations affectives d'une force inébranlable et d'une intimité folle, qui se manifeste jusque dans la proximité physique entre les quatre amies, souvent montrées lovées les unes contre les autres, les jambes emmêlées sur un canapé ou appuyées nonchalamment sur les genoux ou le corps les unes des autres, autant de signes d'affection physique qui évoquent les amitiés adolescentes – et qui, alors même qu'ils existent bien, sont très peu représentés pour des femmes adultes. Adolescentes aussi, les nombreuses séquences qui voient les quatre amies partir en virée shopping impromptue un jeudi en pleine après-midi – parfum d'école buissonnière – ou les scènes de commérages dans les toilettes de bars ou de restaurants bondés, pour discuter par exemple des talents du surnommé Mr. Pussy, du fait de ses cunnilingus légendaires dans tout New York. La scène, à la fois intimiste et hilarante, rappelle les confessions adolescentes dans les toilettes des lycées – on en retire un plaisir régressif et une expérience quasi communautaire non négligeables.

En refusant d'abandonner la complicité à toute épreuve de ses héroïnes, *Sex and the City* formule en filigrane une proposition éminemment politique, voire révolutionnaire. Elle suggère un modèle de société alternatif dans lequel l'amitié vient non seulement concurrencer le couple hétérosexuel, mais aussi se substituer à la famille biologique, grande absente de la série. Au long de ses 94 épisodes, on compte sur les doigts d'une main les scènes qui incluent, dans les dialogues ou physiquement, un membre de la famille des héroïnes, tant et si bien qu'on peut les énumérer de manière exhaustive ici. Carrie mentionne que son père est parti lorsqu'elle était très jeune, laissant sa mère et elle-même seules dans le Connecticut, où elle a grandi (S4EP17) ; on apprend en passant dans un dialogue que les parents de Miranda vivent en Pennsylvanie (S2EP5), puis sa mère meurt dans un épisode de la saison 4, où l'on fait la rencontre très brève de sa sœur, avec qui Miranda n'a pour ainsi dire pas de relation (S4EP8). Le frère de Charlotte, Wesley, vient lui rendre visite à New York dans un épisode de la saison 2 (S2EP15) – le temps de provoquer une rixe avec Samantha lorsque Charlotte apprend qu'elle a couché avec lui – puis disparaît aussi vite qu'il était apparu, pour ne plus jamais reparaître. La voix off de Carrie conclut l'épisode sur ces mots : « *The most important thing in life is your family. There are days you love them, and others you don't. But in the end, they're the people you always turn to. Sometimes it's the family you're born into. And sometimes it's the one you make for yourself**. » Ce qui compte ici, ce n'est pas la famille de sang, mais la famille « choisie », clin d'œil bien conscient, de la part de nos deux *showrunners* gay, aux familles de substitution LGBTQ+, dans des environnements où les liens avec la famille biologique sont souvent rompus. En faisant la part belle à l'amitié, la série autorise les femmes à repenser la norme de la famille et sa structure : et si, finalement, notre vraie famille c'était nos amis ?

* « Le plus important dans la vie, c'est notre famille. Il y a des jours où on l'aime, et d'autres où on la déteste. Mais en fin de compte, c'est vers elle qu'on revient toujours. Parfois on se tourne vers la famille dans laquelle on est né. Et quelquefois, vers celle qu'on s'est choisie. »

Il résulte de cette prise de position des scènes poignantes, où *Sex and the City* opère un pas de côté générique pour traiter avec le *gravitas* nécessaire les évènements qui marquent de cicatrices la vie des héroïnes. C'est le cas notamment de l'épisode « *My Motherboard, My Self* » (S4EP8) dans lequel Carrie, Charlotte et Samantha volent au secours de Miranda, dont la mère vient juste de mourir et qui doit organiser son enterrement à Philadelphie. Carrie apprend la nouvelle à Charlotte et Samantha et fond en larmes. Elle leur dit toute sa tristesse, son sentiment d'impuissance, et se désole de ne pas savoir comment aider son amie. C'est finalement un réconfort autant physique qu'affectif que Carrie apportera à Miranda, la soutenant dans la nef de l'église où se tient la cérémonie alors que Miranda, sous le choc, ne parvient plus à marcher. Sur les bancs adjacents, Charlotte et Samantha se posent en présence rassurante et infaillible, donnant tort à la famille de Miranda, qui n'a de cesse de lui rappeler qu'elle est seule – sous-entendu sans mari. Entourée de sa famille choisie, Miranda n'est décidément pas seule. Malgré sa tournure dramatique, l'épisode conserve la veine comique qui caractérise la série, que ce soit dans les arcs narratifs parallèles qu'il développe (Samantha, dans un mélange de choc et de déni face à la douleur de son amie, « perd » son orgasme, qu'elle essaye de reconquérir par tous les moyens et acrobaties possibles) ou dans ses dialogues toujours piquants, comme lorsque les amies commentent, atterrées, la taille démesurée de l'arrangement floral qu'elles ont fait livrer : « *These flowers were* *supposed to say "We're so sorry, we love you", not "You're dead, let's disco**". »

L'annonce du cancer de Samantha est un autre moment d'émotion intense pendant lequel l'amitié des héroïnes prend le pas sur tout le reste. Notoirement, il éclipse ce qui est souvent vu comme le jour le plus important de la vie d'une femme, celui auquel elle a rêvé toute sa vie, l'apogée du sacro-saint couple hétérosexuel : le mariage de Miranda et Steve. Samantha annonce d'abord la nouvelle à Carrie, dans le taxi qui les conduit au mariage, puis à Charlotte lors de la fête qui suit la cérémonie. Toutes se mettent d'accord pour ne rien dire à Miranda, afin de la laisser profiter de son « *special day* », son jour à elle. Miranda aperçoit ses amies au loin, s'étonne de leur attitude étrange lorsqu'elle vient leur parler et exige de savoir ce qu'il se passe. Lorsqu'elle apprend la nouvelle, les larmes lui montent aux yeux. Charlotte se lamente : « *See, this is what we were afraid of. Go back to your people, we'll talk about this later***. » Miranda s'énerve, hausse la voix : « *You are my people, and we'll talk about it now* » puis s'adoucit : « *Now start from the beginning.* »*** Comme d'innombrables autres, l'épisode se clôt sur un zoom arrière montrant les quatre amies absorbées en pleine conversation, oublieuses

---

* « Cette chappe de fleurs devait signifier "Nous vous aimions, nous vous pleurons" et pas "Tu es morte, vive le disco". »

** « Tu vois, c'est ça qu'on craignait. Va rejoindre tes invités, ils t'attendent. On reparlera de tout ça plus tard. »

*** « Vous êtes mes principales invitées, et on en parle tout de suite. » « Commence par le début. »

du monde qui les entoure. Même lors de ce jour si symbolique dans la vie d'une femme et d'un couple, ce sont les amies qui passent en premier*.

La série présente donc l'amitié comme un système de soutien, une source de réconfort mais aussi de solidarité. Lorsque Carrie risque d'être mise à la porte par Aidan, qui souhaite vendre l'appartement dans lequel elle réside et qu'il avait acheté pour elle avant leur séparation, la journaliste est confrontée à deux options : soit quitter son nid (inenvisageable), soit l'acheter (inaccessible). Il s'avère que Carrie – dont le train de vie dispendieux, en complet décalage avec un revenu de pigiste, a souvent été souligné – possède plusieurs dizaines de milliers de dollars sous forme de chaussures dans son placard, mais pas d'épargne digne de ce nom à la banque (S4EP16). Samantha et Miranda proposent toutes les deux immédiatement de lui prêter une partie de la somme dont elle a besoin pour constituer un apport, mais Charlotte reste interdite. Au terme de l'épisode (et après une dispute entre Carrie et elle), Charlotte propose finalement à Carrie de lui avancer l'argent – sous la forme de son alliance de chez Tiffany's, offerte par Trey et dont elle n'arrive pas à se séparer après le divorce. Alors que les deux femmes sont attablées, Charlotte lui tend l'écrin qui renferme

* Le doublage français renforce même l'idée d'engagement quasi matrimonial entre les quatre amies en ajoutant une dernière remarque de Carrie en voix off surprenante, parce qu'entièrement absente de la VO : « Pour le meilleur et pour le pire, nous étions nous-mêmes ce jour-là. »

la bague, à la manière d'une demande en mariage, et demande : « *Will you take the ring?* » Le « *I will* » prononcé par Carrie achève d'entériner la comparaison avec les vœux traditionnels des époux*. Il est à noter que, plus tôt dans l'épisode, Big avait lui-même proposé de lui donner l'argent nécessaire pour l'apport. La décision de Carrie de refuser cette offre est saluée par Miranda (« *When you accept money from a man, he controls you*** »). La proposition de Charlotte, elle, est présentée comme une preuve d'amour aussi forte qu'un mariage, engageant les deux parties sur de longues années, requérant d'elles une confiance mutuelle solide.

L'arc narratif vient sceller une déclaration d'amour faite quelques épisodes plus tôt, dans l'épisode pilote de la saison 4. Les protagonistes débattent de l'existence de l'âme sœur (Carrie, Samantha et Miranda trouvent toutes les trois le concept déprimant – Charlotte, bien entendu, y croit fermement). À la toute fin de l'épisode, alors que les quatre amies sont attablées, Charlotte, pourtant la plus romantique et traditionnelle des quatre, lance une idée : « *Don't laugh at me but… maybe we could be each other's soulmates? And then we could let men be just these great nice guys to have fun with****. » En une phrase, elle résume toute

* On perd cette dimension dans le doublage français : « Alors tu vas vendre la bague ? » « Oui, d'accord. »

** « Quand un homme te donne un peu d'argent, tu dois accepter qu'il te contrôle. »

*** « Surtout ne vous moquez pas de moi mais… peut-être qu'on pourrait être nos âmes sœurs entre nous, les unes des autres ? Et on pourrait la philosophie de la série, et une grande partie de son attrait pour le public. La même idée sera réitérée dans l'avant-dernier épisode de la série. Avant de voler vers Paris pour reconquérir Carrie, Big ne manque pas de consulter Charlotte, Miranda et Samantha, en leur donnant la raison suivante : « *You three know her better than anyone. You're the loves of her life. And a guy's just lucky to come in fourth** » (S6EP19).

Repenser la place de nos amitiés, à un moment où la solitude émerge comme un problème de santé publique, reste un enjeu éminemment actuel : en témoigne le véritable phénomène éditorial qui a vu foisonner, ces dernières années, les essais autour de l'amitié, au nombre desquels *Nos puissantes amitiés*, d'Alice Raybaud (2024), et *Elles vécurent heureuses. L'amitié entre femmes comme idéal de vie*, de Johanna Cincinatis (2024). Ces essais, qui entendent redonner ses lettres de noblesse à l'amitié, sont pour moi le deuxième temps des tentatives de penser une « révolution » de l'amour romantique formulées au début des années 2020 et évoquées plus haut. Ils se présentent comme une alternative radicale à la poursuite de l'épanouissement dans le couple, un mode d'action immédiat bien plus accessible à court terme que le renversement du patriarcat et de sa main mise tentaculaire sur les relations hétérosexuelles.

---

laisser l'Homme avec un grand H n'être que ce gars génial avec qui on aime s'amuser ? »

* « J'ai besoin de vos conseils à toutes les trois. Vous la connaissez bien mieux que n'importe qui. Vous êtes les trois amours de sa vie. Et j'aurai bien de la chance si je décroche la 4e place. »

En matérialisant à l'écran, dès 1998, ce à quoi ressemblerait une vie dans laquelle on a priorisé l'amitié, *Sex and the City* anticipe très largement la réflexion menée par ces essayistes quelque vingt ans plus tard. Elle donne corps à cette utopie, un corps moins radical, bien entendu, plus glamour, plus consumériste et individualiste aussi, car marqué par l'ethos du post-féminisme et la visée commerciale de l'œuvre (j'y reviendrai dans le chapitre 5). Il me semble néanmoins que la série a été visionnaire dans son engagement pérenne à se focaliser sur l'amitié féminine, et qu'elle est, précisément pour cette raison, encore susceptible d'entrer en résonance, de manière fantasmée ou réelle, avec l'expérience de celles qui la regardaient en cachette, adolescentes, ou avec leurs amies, jeunes adultes. Pour ces spectatrices, il est à parier que la série a durablement marqué leurs esprits et leur attachement à l'amitié – c'est mon cas, tout du moins.

CHAPITRE 3

Fashion and the City

Si Carrie, Miranda, Charlotte et Samantha constituent incontestablement le quatuor de tête de *Sex and the City* dans le cœur des fans, la ville de New York et la mode se disputent la très convoitée cinquième place. Dans les interviews, articles de presse et livres parus autour de la série, c'est désormais un lieu commun de parler soit de l'une soit de l'autre comme étant la « cinquième femme » de la série. Par toute l'attention qu'elle attire et par l'héritage qu'elle laisse derrière elle, la mode est sans aucun doute la cinquième dame à mes yeux – même si elle reste intrinsèquement liée à l'identité new-yorkaise, comme se plaisent à le répéter les actrices et la costumière, Patricia Field, dans la presse.

Pour s'en persuader, il n'y a qu'à penser au générique : Carrie y déambule dans les rues de Manhattan en tutu blanc et justaucorps rose bonbon devenus emblématiques. Sa tenue détonne : elle contraste avec les vêtements plus ternes de la foule qui l'entoure et attire immédiatement l'œil sur elle. La couleur de son haut dit le romantisme de l'héroïne, la forme de son bas, son excentricité : Carrie n'a pas peur qu'on la regarde. New York est la scène sur laquelle la danseuse d'un jour se produit. Au premier plan ses trottoirs, ses taxis jaunes, ses enseignes, au fond ses gratte-ciel (dont les tours jumelles, supprimées du générique après le 11-Septembre), le Brooklyn Bridge, l'horizon marqué par la silhouette si reconnaissable de la ville. De ce générique, c'est surtout le tutu qu'on retient. Il est passé au rang d'icône de la série, et son histoire fonctionne comme une métonymie du succès de *Sex and the City.* Dégoté dans un bac de vêtements en vrac pour 5 dollars par la costumière Patricia Field en 1998, il est vendu aux enchères pour pas moins de 52 000 dollars en janvier 2024. Entre-temps, *Sex and the City* est rentrée au panthéon du style : tout ce que Carrie touche est immédiatement propulsé sur le devant de la scène, et pour longtemps. Plus qu'un simple accessoire, la mode est l'ADN même de *Sex and the City*, sa signature indélébile. Une identité qui s'est construite épisode après épisode, et dont l'histoire mérite qu'on s'y attarde.

Les papesses de la mode de *Sex and the City* : Patricia Field et Sarah Jessica Parker

Lorsque Darren Star crée *Sex and the City*, il sait d'emblée qu'il veut que la mode occupe une place de choix dans la série. Très tôt dans sa carrière, il comprend le pouvoir d'attraction que les costumes exercent sur les spectatrices. L'intuition lui vient de son expérience sur

Beverly Hills, lorsqu'il constate que certaines spectatrices regardent sa série davantage pour les tenues des héroïnes que pour l'intrigue. Plus tard, avec l'avènement d'Internet, les costumes de télévision deviendront un élément essentiel de l'engagement des fans à l'égard des séries : dans les années 2000, lorsque *Gossip Girl* est diffusée, les sites qui recensent par le menu les pièces portées par les personnages et les lieux où trouver des copies moins chères pullulent sur la toile. *Sex and the City* émerge avant cette ère, au début du world wide web, mais elle laisse tout de même une marque indélébile de son passage sur la mode, grâce notamment aux magazines féminins, qui consacrent pléthore d'articles aux pièces que portent ses quatre héroïnes. Si la série est souvent décrite comme une « bible du style », c'est à ses évangélistes, Patricia Field, mais aussi Sarah Jessica Parker, qu'il faut donner le crédit de son utilisation révolutionnaire de la mode à la télévision.

Les deux femmes se rencontrent pour la première fois sur le tournage de *Miami Rhapsody* (David Frankel, 1995), une comédie romantique avec Antonio Banderas. C'est vraisemblablement Sarah Jessica Parker qui propose ensuite le nom de Patricia Field pour *Sex and the City*. Cette dernière, qui travaille comme costumière pour la télévision et le cinéma depuis plus de quinze ans, rejoint l'équipe dès le deuxième épisode, et restera à la tête des costumes sur toute la série et sur les deux films de la franchise. Enfant prodige de la mode, chineuse extraordinaire, Field possède depuis les années 1970 une boutique dans le très bohème quartier de Greenwich Village, décrite par une journaliste du *New York Times*, Jan Hoffman, comme « une boîte de nuit mais en pleine journée, où une nuée d'artistes, de travestis, d'étudiants et d'autres marginaux se retrouvent pour faire du shopping ou des rencontres, pour dénicher des tenues, des perruques et du maquillage fantasques et extravagants[51] ». Le tableau dressé par Hoffman donne la couleur : le style de Field est décalé, avant-gardiste, combinaison savante de bric, de broc et de chic. Sa boutique devient une institution dans la ville et dicte ses tendances. Field est choisie par Star spécifiquement pour la *street cred* new-yorkaise qu'il cherche à donner à sa série. En 1996, elle ouvre une deuxième boutique appelée Hotel Venus dans le quartier branché de Soho – boutique qui apparaît d'ailleurs dans un épisode : c'est là que Charlotte va acheter de la lingerie affriolante pour pimenter sa vie sexuelle avec Trey (S3EP16). C'est à Field qu'on doit certaines des plus belles trouvailles de la série, comme le tutu de Carrie dans le générique, la « *naked dress* », une robe chair moulante dos nu portée par Carrie dans le sixième épisode de la première saison, rendue iconique par son apparition dans le générique, sur un poster collé sur les bus de la ville. C'est de Field enfin que vient l'idée du collier « Carrie », porté religieusement par Sarah Jessica Parker au long des six saisons et qui devient un élément central de son identité. Le collier prénom personnalisé, déjà en vogue chez les jeunes du quartier de l'East Village, connaît par la suite un succès mondial. En retour, *Sex and the City* assoit la notoriété de

Field, qui prendra quelques années plus tard les manettes des costumes du *Diable s'habille en Prada* (2006), pour lequel elle est nommée aux Oscars dans la catégorie Meilleurs Costumes. C'est encore elle, aux côtés de Darren Star, qui est à l'origine des costumes de la très remarquée (et souvent détestée) *Emily in Paris*.

La deuxième tête pensante derrière les costumes de la série n'est autre que Sarah Jessica Parker elle-même, dont la passion pour la mode n'a d'égale que celle de Carrie. L'actrice devient productrice de *Sex and the City* durant la saison 3, puis productrice exécutive à la saison 5 – ce qui lui donne du poids dans les partis pris narratifs mais aussi visuels de la série. Elle est surtout consultante créative aux côtés de Patricia Field, et les deux femmes n'ont de cesse de se créditer l'une l'autre pour les choix des costumes : « Pat m'attribue des idées qui pourraient bien être les siennes, et je lui attribue le mérite pour des choses qui finalement étaient peut-être mes idées », confie Parker dans un entretien à Amy Sohn, qui consacre un beau livre à la série[52]. De leur collaboration étroite naît le style si particulier et idiosyncratique de Carrie, marqué par le panachage de pièces de créateurs et de trouvailles vintage, l'amour des accessoires extravagants et des talons vertigineux. L'identité de *fashionista* de Sarah Jessica Parker se fond dans celle de Carrie (ou bien est-ce l'inverse ?), donnant lieu à des collaborations fructueuses entre l'actrice et le milieu de la mode : de l'obsession de Carrie pour les Manolo Blahnik à l'écran naît une collaboration à la ville entre Sarah Jessica Parker et George Malkemus, en charge de la commercialisation des Manolo Blahnik en Amérique. Ensemble, ils lancent en 2014 la collection « SJP », en hommage à l'actrice. La réalité rejoint la fiction : la boutique vitrine de la marque SJP est située au coin de Perry Street, où se trouve l'immeuble ayant servi de façade pour l'appartement de Carrie dans la série (au numéro 64*) – de quoi ravir de surprise les fans qui se rendent en pèlerinage à New York sur les lieux du tournage.

Pour les spectatrices les plus observatrices, l'évolution des tenues de Carrie dans la série est flagrante. Dans les premières saisons, Patricia Field habille l'héroïne de pièces trouvées dans les friperies de tout le pays, où elle envoie ses assistants en quête de pépites : le budget costumes est serré, et le recours au vintage permet à la fois d'acheter des vêtements à petits prix et d'obtenir l'esthétique éclectique qui est la marque de fabrique de Field. Il faut dire que la costumière sélectionne environ cinquante tenues pour chaque épisode[53] – les économies sont donc de mise. Très vite, la série est remarquée pour son style percutant. La revue *EW* écrit par exemple en 1999 : « *Sex and the City*, le programme futé et mordant de HBO, a marqué des points l'été dernier – et ses vêtements aussi. Des lunettes de soleil aux stilettos, en passant par les colliers dorés "Carrie" [...], le look *Sex and the City* est devenu la nouvelle bible de la mode. » À partir de la saison 3, la notoriété acquise par la série change la

* L'adresse « officielle » de Carrie est le 245 E 73rd Street, dans l'Upper East Side, situé à 1 h 30 de marche – soit l'équivalent d'un petit marathon, en talons hauts – de la façade de Perry Street.

donne. Les designers se battent pour que leurs créations apparaissent dans la série, et les prix des tenues flambent : autour de 2 000 dollars en moyenne par tenue pour la troisième saison, parfois bien plus. La tenue dont le point d'orgue est la robe Dior imitation journal que porte Carrie dans l'épisode 17 coûte 23 000 dollars en 2001. En 2024, la robe est vendue aux enchères pour 72 000 euros. Certaines pièces de créateurs – comme la petite robe noire Givenchy que Carrie porte lors de sa sortie « entre amis » au Monkey Bar avec Big (S4EP3) – sont empruntées le temps du tournage, puis rendues. D'autres sont achetées par la production, puis revendues sur le site de HBO à des fins caritatives. Certaines enfin connaissent une fin plus romantique, dans le placard personnel des actrices. À la fin du tournage de chaque épisode, ces dernières ont le droit d'acquérir les tenues qui leur plaisent le plus, et elles ne s'en privent pas : Sarah Jessica Parker estime que 50 % de sa garde-robe est celle de Carrie. Kristin Davis (Charlotte), quant à elle, confie qu'elle achète plus volontiers les tenues de Miranda, moins conservatrices et guindées que celles de son personnage.

Un impact tonitruant sur la mode

Du sexe, des gratte-ciel mais, surtout, un impeccable sens du style. Si le mot « mode » est absent du titre, l'univers de la série est pourtant si étroitement associé à ce monde qu'il est à parier que si l'on demandait à des novices de décrire de quoi parle *Sex and the City*, ils évoqueraient, au-delà des histoires d'amour et des escapades sexuelles, des marques de sacs à main ou des paires de chaussures. Jimmy Choo dans les premières saisons, Manolo Blahnik ensuite, *Sex and the City* a indéniablement contribué à propulser certains créateurs sur le devant de la scène. Des designers haut de gamme, reconnus dans le monde de la mode mais inconnus du grand public, font leur entrée dans le *mainstream via* l'amour que leur porte Carrie dans la série. Parmi eux Roberto Cavalli, Dolce & Gabbana, Fendi, Oscar de la Renta ou encore Prada, autant de marques auxquelles la journaliste voue un culte quasi religieux.

Une fois sa réputation pour la mode pointue installée, la série fait l'objet d'innombrables articles dans les magazines de mode – en plus des magazines people et des magazines de divertissement –, un facteur qui contribue à sa visibilité et son succès[54]. En retour, elle lance ou relance nombre de tendances du début des années 2000, parmi lesquelles, pêle-mêle, les jupes en tulle type tutu, les bustiers tubes, le tartan écossais, les cuissardes, les micro-shorts, mais aussi les lunettes Aviator de Ray-Ban ou le sac Birkin de chez Hermès. Certains accessoires adoptés par Carrie deviennent de véritables phénomènes de mode. Dans le premier épisode de la saison 4, Carrie arbore un sac à main particulièrement farfelu – et donc remarqué – en forme de tête de cheval et fait en bois, c'est le modèle Secretariat Horse de chez Timmy Woods. La pièce n'apparaît que quelques secondes à l'écran, mais sa présence fugace n'entame pas la détermination des *fashionistas* :

le lendemain de la diffusion, le designer enregistre déjà 1 000 nouvelles commandes de ce sac.

Le génie de la série réside surtout dans le fait d'avoir associé à des vêtements hors de prix des petits accessoires facilement accessibles pour les fans. Sur une suggestion de Sarah Jessica Parker, Carrie se met à arborer, à partir de la saison 3, de petites fleurs en tissu sur le col de ses vestes ou sur la bretelle de ses robes. Comme le collier prénom, la broche fleur offre un moyen simple et peu onéreux pour les fans de reproduire les tenues de Carrie. Le pari est gagné : en avril 2024, une utilisatrice de la page Reddit r/sexandthecity qui visionne la série pour la première fois s'étonne de cette soudaine prolifération. Les membres qui lui répondent sont formelles. Au milieu des années 2000, au moment de la diffusion de la saison 3, la fleur en tissu au col était devenue une véritable tendance : « C'est devenu une ÉNORME mode. Tout le monde en portait ! À l'époque je travaillais en entreprise et je me rappelle que j'en avais de plusieurs couleurs et textures pour ajouter à mes costumes. » Sur les photographies promotionnelles pour *And Just Like That*, Carrie porte une robe dont le buste entier est une gigantesque fleur en tissu rose – un clin d'œil évident à la tendance lancée par la série originale.

Mais l'influence de la série sur la mode ne se limite pas au seul moment de sa diffusion. Lorsque la styliste Maria Grazia Chiuri prend la direction artistique de la maison Dior en 2017, elle cite Carrie parmi ses inspirations et explique à quel point l'identité de la marque est liée à celle de la série (et non l'inverse !) : « Aujourd'hui, et pour beaucoup, lorsque les femmes pensent à Dior, elles pensent à *Sex and the City.* » En hommage à cette filiation, elle reprend la production de deux des pièces portées par Carrie et popularisées par la série : le tee-shirt « J'adore Dior » et le sac Saddle. Créé sous l'égide de John Galliano en 1999, le Saddle bag connaît un succès tonitruant quand Carrie l'adopte dans la saison 3. Relancé en 2018 et vendu entre 3 100 et 3 800 euros, il rapporte encore aujourd'hui des millions à la marque.

L'imprimé façon papier journal de la robe Dior de Carrie continue, lui aussi, de faire couler beaucoup d'encre. Adopté en version jupe, maillot de bain ou Saddle bag par Kim Kardashian et Kendall Jenner en 2019, en version robe par Emily Ratajkowski en 2022 puis en 2023, ses apparitions sont toujours remarquées dans la presse, qui ne manque jamais de rappeler l'origine de la tendance[55]. En 2022, l'imprimé se décline enfin dans une version accessible lorsque Zara commercialise une copie de la robe. Là encore, les articles consacrés au lancement font la part belle à l'influence de la série. *Marie France* titre par exemple : « Zara frappe fort avec la légendaire robe Dior de Carrie Bradshaw à moins de 40 euros[56]. » C'est ce qu'on appelle faire forte impression.

Il faut dire que la mode a ceci de particulier qu'elle fonctionne de manière cyclique, et que ce qui est considéré un temps comme dépassé finit toujours par revenir sur le devant de la scène. S'il est possible que les looks de Carrie et de ses amies aient pu un temps paraître datés, il est à parier que le retour en grâce de modes tout droit venues des années 2000 remette les tenues des héroïnes dans la ligne de mire des adeptes de sapes. La résurgence du style Y2K a déjà commencé : dans les bars de New York comme dans les rues du Marais à Paris, la trentenaire que je suis s'ébaubit de voir des jeunes filles arborer l'uniforme des collégiennes des années 2000, que je croyais pourtant (avec soulagement et pas un brin de nostalgie) mort et enterré. Pantalons ultra-taille basse et évasés, ceintures à strass ou à clous, colliers ras du cou en plastique, tops asymétriques ou à volants, jupes longues déstructurées, denims en tout genre et matières ultra-synthétiques peuplent aujourd'hui les garde-robes des « trendsetteuses » comme les pages des magazines féminins. En 2024, *Marie Claire*, *Harper's Bazaar* ou encore *Elle* invitent leurs lectrices à s'inspirer du style des années 2000, sonnant son grand retour. Est alors susceptible de se produire une transformation singulière dans la manière dont on envisage la série aujourd'hui : les looks que l'on a regardés un temps avec une forme de nostalgie comme la marque d'une époque révolue sont remis au goût du jour, et le dressing de Carrie redevient en vogue. Sur les réseaux, plusieurs comptes TikTok et Instagram s'attèlent à recenser les tenues des héroïnes (*@everyoutfitonSATC* ; *@jasminatv*), voire à indiquer où trouver certaines pièces ou des copies relativement proches (*@findingcarriescloset*). Suivis par des dizaines de milliers de personnes, ils positionnent, encore, la série comme une source d'inspiration mode dans laquelle piocher pour construire sa propre garde-robe. Sur le plan de la mode comme sur celui de sa vision de l'amour et du célibat, *Sex and the City* est, plus que jamais, dans l'air du temps.

Mais l'influence réciproque entre la mode et la série va plus loin que la mise en lumière de certaines pièces phares. Au moment de sa diffusion, la série est aussi annonciatrice (et ambassadrice ?) d'une transformation profonde et durable des modes de consommation vestimentaire et du rapport des individus au vêtement en général. La passion de Carrie pour la mode la rend boulimique : son placard regorge de centaines de pièces qui ne sont portées qu'une seule fois et ses changements de tenue ont de quoi donner le tournis. Elle ne résiste jamais à l'envie de s'acheter une nouvelle paire de chaussures et toutes les occasions sont bonnes pour s'autoriser une virée shopping. Boulimique, donc, mais aussi un peu farfelue : on ne se situe pas encore alors dans l'ère où la surconsommation vestimentaire est monnaie courante, en conséquence de quoi l'amour de Carrie pour les vêtements est souvent source de comique dans la série, tant son dressing apparaît démesuré et déraisonnable. Initialement diffusée en 1998, *Sex and the City* voit le jour dans un contexte où la *fast fashion* émerge à peine dans les grands centres urbains et où les marques sortent en moyenne deux collections par an, l'une au printemps et l'autre à l'automne. Si *Sex and the City*, comme on le lui a souvent reproché, fait l'apologie d'un consumérisme débridé, celui-ci reste somme toute relativement raisonnable en comparaison de la révolution vestimentaire qui se produira ensuite. À partir des années 2000, des enseignes comme Zara, H&M ou encore

Primark font une entrée fracassante sur le marché. Elles proposent des prix cassés, des versions moins onéreuses des pièces de créateurs en vogue, et surtout jusqu'à 36 collections par an – de quoi encourager la consommation déraisonnée de vêtements qui passeront de mode en quelques mois à peine, avec les conséquences sociales et environnementales désastreuses qu'on connaît. À compter de cette période, les consommatrices du monde entier sont elles aussi invitées à suivre le rythme effréné des nouvelles tendances. Pour autant, Carrie est une *vraie* amoureuse de la mode et des pièces de qualité. On l'imagine très bien se nourrir de nouilles lyophilisées afin de se payer le sac de ses rêves. Férue de fripes, avec un carnet d'adresses bien rempli dans le milieu de la mode, on se figure assez facilement qu'elle trouve des chemins détournés pour garder son style à la pointe des tendances. On l'imagine assez mal, en revanche, céder aux sirènes des copies *cheap* et de la contrefaçon (elle refuse d'ailleurs d'acheter un faux Fendi à la fin de la saison 3). Pour toute dépensière qu'elle soit, impossible donc d'envisager Carrie en papesse de la *fast fashion* : si *Sex and the City* voyait le jour aujourd'hui, elle serait sans nul doute férocement opposée à acheter des vêtements au rabais sur Shein ou Temu.

De l'art de transformer le vêtement en costume

Lorsque j'ai commencé à m'intéresser à la question de la mode dans la série, j'ai été frappée par ma propre surprise face au terme de « costume », jamais employé dans la presse féminine, mais systématiquement convoqué dans le champ universitaire, pour parler des tenues des quatre héroïnes. « Costume » évoquait pour moi les films d'époque, les robes à col jabot et les jupes-culottes, ou les séries de science-fiction et de fantasy, à la *Game of Thrones*, mais certainement pas ces vêtements du quotidien. J'avais oublié, bêtement, que Carrie et ses amies n'existaient pas *vraiment* et que leur garde-robe n'était pas le reflet de leurs envies, mais bien au contraire le fruit du travail de réflexion quasi sociologique de la costumière Patricia Field.

Car, bien sûr, les tenues des protagonistes sont des costumes qui servent des fonctions bien précises, outre celle très pragmatique d'habiller les personnages. Certains des usages que *Sex and the City* fait du costume ont même inspiré et transformé l'industrie télévisuelle dans son ensemble. Dans un article pour le magazine *GQ*, Mark Agnes, chef habilleur sur la série, évoque cette influence : « Après *Sex and the City*, il n'y avait plus une seule série qui n'ait pas compris le pouvoir de la mode comme outil narratif à part entière[57]. » Parce qu'il symbolise une identité, des choix de vie, une vision du monde, le vêtement est souvent le point de départ (ou le point d'orgue) d'une intrigue ou d'un arc narratif. Du costume en velours côtelé de Steve qui révèle sa différence de classe avec Miranda et mène à leur rupture à la mystérieuse disparition des Manolo Blahnik chez Kyra qui confronte Carrie au jugement de ses amis sur ses choix de vie, la mode n'a plus seulement valeur d'illustration ou d'esthétisme : elle joue un rôle essentiel en tant que moteur du récit. Plus traditionnellement, elle sert aussi, bien évidemment, à construire et démarquer les personnages les uns des autres, à leur donner une identité, un caractère, à les situer enfin dans un milieu social et une aire géographique.

Les quatre femmes arborent des styles diamétralement différents, qui les distinguent les unes des autres et donnent des indices sur leur personnalité. Carrie, la journaliste freelance la moins aisée des quatre, mais la plus passionnée de mode, adore le vintage, la chine et les accessoires coup de cœur hors de prix. La mode occupe une place prépondérante dans sa vie, symboliquement mais aussi littéralement – par manque de place, elle utilise son four pour ranger sa collection de pulls. Elle n'a pour ainsi dire aucune considération pour la praticité de ses tenues : régulièrement capable de parcourir tout New York juchée sur des talons de 12 centimètres, elle semble aussi trouver qu'un micro-short en jersey, un *crop top* et une paire de stilettos rouge est une tenue tout à fait appropriée pour sortir Pete, le chien d'Aidan, dans les rues de Manhattan (S3EP10). Carrie est exubérante et n'a pas peur de se faire remarquer : c'est elle qui dans la série porte les tenues les plus audacieuses, parfois les plus farfelues. Certaines tenues rencontrent même des résistances au sein de l'équipe de production de la série. Lorsque Field propose qu'elle débarque à un pique-nique avec ses amies en robe à la Heidi, le rouge aux joues, couettes enfantines incluses, le reste de la production renâcle. Mais Field, soutenue par Sarah Jessica Parker, obtient gain de cause (S2EP14). La tenue est ridicule, extra, *too much*, mais elle correspond au personnage de Carrie, la plus aventureuse des quatre héroïnes, la plus prompte à jouer avec les limites du bon goût. Elle dit bien aussi la dimension comique, ironique et décalée qu'apportent les costumes de Carrie à la série et à son personnage, dont on comprend immédiatement le côté extravagant et excentrique.

Miranda, l'avocate d'entreprise et intello de la bande, porte, au début du moins, essentiellement des tailleurs sur mesure, marque de son professionnalisme et de l'importance de sa carrière dans sa vie. Pour casser leur côté trop sérieux et apporter un peu de féminité, ils sont souvent adoucis par une blouse pastel. Pendant son temps libre, Miranda aime les tenues confortables et sportswear, avec une belle panoplie de pyjamas, de sweat-shirts et de joggings. De son personnage, Cynthia Nixon dit qu'elle a deux modes, « soit très apprêtée, soit elle n'en a vraiment rien à faire »[58]. Son style évolue significativement au long des saisons et elle se défait (à mon grand regret) du style très androgyne qui la caractérise au début. Ses meilleurs looks sont pourtant, à mon humble avis, ceux qui empruntent au vestiaire masculin*, et donc les plus codés *queer***, du

---

* Dans un article de *GQ* consacré à la mode masculine dans la série, le journaliste Max Berlinger affirme que l'usage le plus intéressant du vestiaire masculin n'est pas celui de ses personnages hommes, mais bien de Miranda Hobbes dans les premières saisons. https://www.gq.com/story/sex-and-the-city-menswear-legacy

** Au début de la série, les collègues de Miranda pensent qu'elle est homosexuelle. Si elle dément formellement, elle est néanmoins celle qui emprunte le plus, dans son attitude et dans ses choix vestimentaires, aux codes lesbiens.

costume très *butch** qu'elle porte pour le dîner donné par son patron dans la première saison (S1EP2) à sa salopette en jean *oversize* assortie d'une doudoune et d'une casquette ton sur ton dans le premier épisode de la seconde.

Samantha, la croqueuse d'hommes, est celle dont les tenues mettent le plus en avant son érotisme : décolletés plongeants, robes moulantes et fendues, lingerie sexy et palette de rouges sulfureux construisent son image de femme fatale et révèlent ses atouts et sa disponibilité sexuelle. Pour Samantha, Field s'inspire de la mode des années 1970 et 1980, faisant revivre les épaulettes, le *color block* et les boucles d'oreilles démesurées. L'inspiration majeure derrière ses costumes vient directement de *Dynasty*, une série des années 1980 bien connue pour ses tenues glamour et extravagantes. Samantha partage avec Alexis (Joan Collins) un amour pour les chapeaux et couvre-chefs tous plus époustouflants et encombrants les uns que les autres : de l'énorme canotier blanc porté aux funérailles du designer Javier (S2EP5) au haut-de-forme noir assorti d'une immense plume et d'un voile pour cacher son visage au lancement du livre de Carrie (S5EP5), Samantha aime qu'on la remarque.

Par contraste, les tenues de Charlotte sont beaucoup plus conservatrices – reflet de son statut social bourgeois et de son côté BCBG, pour ne pas dire coincé. À elle

* Emprunté à l'anglais, le terme désigne les lesbiennes dont l'expression de genre (habillement, coupe de cheveux, etc.) est perçue comme masculine. Il s'oppose au terme *fem*, qui désigne les femmes homosexuelles adoptant les codes plus traditionnels de la féminité.

donc les colliers de perles, les encolures carrées, les serre-tête en velours et les tailleurs Chanel inspiration années 1950 et 1960. La référence mode de Charlotte est à mi-chemin entre la femme au foyer parfaite et la mondaine WASP* de la côte Est. Ses silhouettes rappellent l'élégance d'une Jackie Kennedy. Pour autant, la princesse de l'Upper East Side s'encanaille parfois avec des tenues plus osées : lassée d'être propre sur elle et discrète en toutes circonstances, elle s'autorise par exemple pour le mariage d'une amie une robe noire dos nu qui dévoile ses épaules et tombe lascivement sur ses hanches (S2EP7). La robe, qui reste somme toute moins légère que la plupart des tenues de Samantha, lui vaut en retour un *slutshaming* en bonne et due forme de la part de son prince charmant d'un soir, qui lui présente ses parents, invités eux aussi au mariage. Lorsqu'elle lui rapporte, horrifiée, que son père a profité d'une danse avec elle pour lui palper les fesses, il s'emporte, remet la faute sur elle et surtout sur sa robe, arguant qu'elle est *slutty*. La version VOST assène le coup final, en traduisant *slutty dress* par « robe de pute ».

---

* L'acronyme WASP (*White Anglo-Saxon Protestant*) désigne les Américains blancs et de confession protestante. Ils seraient les descendants des immigrés britanniques qui s'installèrent dans les colonies au XVIIe siècle et constitueraient les « vrais » Américains, par opposition aux personnes racisées, aux immigrés irlandais (catholiques), slaves ou d'Europe du Sud, et aux Juifs. Le marqueur WASP indique surtout une appartenance à une classe considérée comme supérieure, et qui détient l'essentiel du pouvoir politique et économique.

On pense très spontanément, quand il est question de mode, aux tenues des quatre héroïnes. Mais on aurait tort de ne pas accorder le même crédit au travail de construction, par le costume, des personnages secondaires, et surtout des personnages masculins. Pour Big, le magnat de la finance, les costumes sérieux, noirs ou taupe, les cravates, le cuir jusque dans les chaussons ; pour Skipper, l'ami *nerd* de Carrie, les tenues d'éternel adolescent, les motifs et les sweats à capuche ; pour Aleksandr Petrovsky, l'élégance européenne, moins guindée et *corporate* que Big : les nœuds papillon, les cols roulés, les chemises au col déboutonné. Dans la lignée de la vision de Star, Field emprunte pour construire son vestiaire aux codes visuels du cinéma. Pour Steve, le barman issu des classes populaires, elle choisit des marcels blancs près du corps, connotant à la fois le sex-appeal un peu rustre et les origines modestes du personnage – hommage à des Marlon Brando dans *Un tramway nommé désir* ou Paul Newman dans *La Chatte sur un toit brûlant*. Lorsque, à la fin de l'épisode où elle fait sa rencontre, Miranda, d'abord méfiante, rattrape Steve sous une pluie battante pour lui dire qu'elle veut bien leur donner une chance, il la serre contre lui et l'embrasse, vêtu d'un trench classique à la Humphrey Bogart (S2EP8). La scène semble tout droit sortie d'un film hollywoodien des années 1950 : le moment est cinématographique, et le costume n'y est pas pour rien. Mais Steve n'est pas un macho des années 1950. C'est un homme doux, et cela se sent dans sa manière de s'habiller : de ses lunettes, qui le placent d'emblée dans la catégorie

« gentil *nerd* » (à laquelle appartient aussi Skipper), à ses chemises manches courtes bariolées ou ses tenues de sport décontractées, ses vêtements signalent son côté moderne et rassurant.

Lors de la première diffusion de la série, la mode masculine n'en est qu'à ses balbutiements. Les rares hommes qui se soucient vraiment de mode sont suspects : ils doivent être soit homosexuels, soit « métrosexuels », un terme populaire au début des années 2000 pour désigner les hommes soucieux de leur apparence (et de leur hygiène) – avec, toujours, l'idée que cet intérêt pour le vêtement cache quelque chose de louche. Mais Patricia Field adore habiller ses personnages masculins et, tout en respectant leur identité, se permettra tout de même quelques fantaisies. Le proto-hipster Aidan, ni business man ni vraiment col bleu, se voit par exemple vêtu d'un audacieux pantalon en cuir noir susceptible, à cette époque, de lui attirer des moqueries (S3EP10) : il suffit de penser à un épisode de *Friends* dans lequel le même pantalon porté par Ross est utilisé comme un ressort comique (S5EP11, 1999). Mais les personnages de *Sex and the City*, contrairement à ceux de *Friends* (à l'exception de Rachel), sont férus de mode : ce qui dans la seconde série passe pour ridicule constitue dans la première une marque de bon goût, un coté avant-gardiste et une audace qui seront salués plutôt que raillés*.

* Un article paru en 2023 dans *Vogue* donne d'ailleurs la palme du style à Aidan dans la série originale. Liana Satenstein, « The Original Aidan Had the Best Style on Sex and the City », *Vogue*, 27 juillet 2023.

Le fait que les héroïnes de *Sex and the City* portent des pièces de créateurs et des références pointues n'est pas, en soi, une pratique exceptionnelle – elle passe simplement inaperçue pour l'œil non aiguisé des novices comme moi. Celles et ceux qui connaissent la mode sauront reconnaître, dans *Friends*, ici un pull Moschino porté par Phoebe (S7EP10), là une robe à fleurs à première vue sans prétention mais signée Dolce & Gabbana sur Monica (S4EP1), ailleurs une robe Diane von Fürstenberg sur Rachel (S8EP4). Mélangées à des vêtements issus de la grande distribution (Anthropologie, Banana Republic, Coach), les pièces Versace, Pucci ou DKNY se fondent dans les vestiaires des personnages sans qu'on remarque leur provenance, d'autant que les marques ne sont jamais explicitement nommées (et pour cause ! les amis de *Friends* ne sont pas riches, et il serait difficile d'imaginer comment Phoebe, qui a vécu un temps à la rue, peut s'offrir autant de pièces de créateurs avec son salaire de masseuse-conductrice de taxi).

La différence ne réside donc pas tant dans le fait de porter des designers célèbres que dans l'intérêt singulier et explicite que les personnages de *Sex and the City* portent à ce monde – à l'exception de Miranda peut-être, « celle que la mode intéresse le moins », selon Field. La passion des héroïnes pour la mode la fait vivre et lui donne une place centrale dans la série : dépassant la seule fonction esthétique, elle devient tout à la fois objet de conversation, moyen d'expression et prétexte à réfléchir à des questions éthiques et morales bien plus larges. L'épisode 12 de la saison 2 en est un parfait exemple. Dans une moindre mesure que Carrie, Charlotte aime les chaussures. Elle les aime tant qu'elle, pourtant si sage et « vanille* », se laisse un temps prendre à un jeu érotique avec un vendeur d'escarpins fétichiste des pieds : en échange de pouvoir observer ses pieds ou les lui masser, il lui offre des ristournes mirobolantes sur ses paires préférées. La situation lui pose un cas de conscience qu'elle mettra tout un épisode à régler : faut-il accepter les chaussures et donc être complice de ce fétichisme ou faut-il les refuser, par intégrité et respect pour ses propres valeurs plus conservatrices ?

Autre débat existentiel liant mode, valeurs morales et questions éthiques : celui posé à Samantha et Carrie devant l'opportunité d'acheter des contrefaçons Fendi lors d'un voyage à Los Angeles (S3EP14). Face au coffre rempli de faux sacs, leurs positions sont diamétralement opposées. Samantha n'a aucun scrupule à se procurer une copie (« *All that matters is what it looks like*** ») ; Carrie, elle, est pétrifiée. Tentée, elle se ravise finalement : « *I should have liked them. But staring into that trunk, they no longer looked elegant, they looked cheap. Even if everyone else thought it was real, I'd always know my bag came from a trunk deep in the*

---

* La sexualité « vanille » (terme emprunté à l'anglais *vanilla*) se définit par opposition aux pratiques BDSM. Sont considérées comme « vanille » les pratiques dites conventionnelles, au contraire des jeux de rôle, des jeux de domination ou de soumission ou du fétichisme.

** « L'important c'est que ce soit joli, non ? »

*Valley**. » Le refus de l'une et l'absence de culpabilité de l'autre s'expliquent par le rapport que chacune entretient à la mode.

Samantha aime la mode en ce qu'elle permet de signifier une position (voire une ascension) sociale : les pièces de luxe lui permettent surtout de marquer son appartenance aux hautes sphères et de faire étalage de son succès professionnel et financier. Elles donnent l'occasion à celle dont l'une des répliques les plus fréquentes dans la série est « *Do you know who I am****?* » d'affirmer sa place dans un monde où tout repose sur les apparences. Si la série ne s'appesantit pas sur le sujet, les fans les plus fidèles à *Sex and the City* se rappelleront que Samantha est celle des quatre qui vient du milieu le plus modeste. Dans la saison 3, elle évoque brièvement son enfance dans une famille de classe populaire, sa mère débordée par ses trois enfants, son père alcoolique (S3EP10) et son petit boulot chez une célèbre chaîne de glaciers pour gagner un peu d'argent de poche. Pour celle qu'on appellerait aujourd'hui une transfuge de classe, la mode est surtout une affaire de paraître, et elle n'a que faire de l'authenticité. On comprend donc aisément que l'achat d'une contrefaçon ne lui pose pas de problème moral particulier.

---

* « J'aurais dû être aux anges. Mais à les voir comme ça dans ce coffre de voiture, je leur trouvais plus rien d'élégant. Ils faisaient toc. Et même si tout le monde le prenait pour un vrai, moi, j'arriverais jamais à oublier que mon petit sac sortait d'un coffre de voiture au fond de la Valley. »

** « Est-ce que vous savez qui je suis ? »

A contrario, Carrie entretient avec le monde de la mode une véritable histoire d'amour. Dans la première saison, on la voit assister à plusieurs défilés, au premier rang, se faufilant même parfois dans les coulisses pour rejoindre un ami styliste ou photographe. Elle sera amenée à fouler le podium elle-même en tant que mannequin pour Dolce & Gabbana – l'occasion d'y faire une chute spectaculaire et de se voir enjamber par une Heidi Klum imperturbable (S4EP2). À la fin de la même saison, elle rejoint la rédaction de *Vogue*, bible du style et grande institution de la mode, à laquelle Carrie voue un véritable culte et qu'elle lit religieusement. Quand on l'emmène voir le showroom du magazine, elle ne masque pas son enthousiasme et tombe en pâmoison devant une paire d'escarpins rarissimes de chez Manolo Blahnik (« *Oh my god! Do you know what these are?! Manolo Blahnik Mary Janes! I thought these were an urban shoe myth** *!* », S4EP17). On est loin de la réaction blasée d'Andréa (Anne Hathaway), quelques années plus tard, face au même showroom dans *Le Diable s'habille en Prada*. Avec toute l'admiration et tout le respect qu'elle a pour les designers et leurs créations, on comprend aisément l'hésitation de Carrie face à de pâles copies.

Comme Samantha, Carrie a très bien compris que le vêtement signifie tout à la fois l'identité propre, le « capital cool », l'appartenance à un milieu et la place qu'on

---

* « Oh mon Dieu ! Est-ce que vous savez ce que c'est ? Manolo Blahnik ! Les Mary-Janes ! Je croyais que c'était une rumeur sans fondement ! »

occupe dans le monde. Il ne suffit pas qu'un objet soit à la mode ou authentique pour qu'elle jette son dévolu sur lui : il faut aussi que la pièce lui ressemble. Lorsque Big lui offre un micro-sac à main en cristal en forme de cygne, sac qu'elle trouve proprement hideux sans oser le dire, elle s'offusque en voix off : « *It was just... wrong. It was wrong!* » (S2EP10). Le choix du mot est révélateur : Carrie ne dit pas ici simplement que le sac est *moche*, elle dit que c'est « (le) mauvais », que Big « a eu tort » en choisissant ce cadeau. Quelques jours plus tard, Big l'invite à une fête donnée par une de ses amies de l'Upper East Side. Carrie est horrifiée de découvrir que toutes les convives, des grandes bourgeoises oisives dont le seul talent est d'avoir épousé des hommes très riches, portent à la main des pochettes similaires à son cygne : ici une pastèque, là un chaton, ailleurs encore une asperge ou une aubergine. Pour Carrie, le message est limpide : « *I realized, to my horror, that [...] Big [...] had absolutely no idea who I was**. » Avoir pensé une seule seconde que Carrie apprécierait ce sac, c'est s'être mépris profondément sur qui elle est, et sur le monde auquel elle appartient et aspire – bien loin des mondanités de l'entre-soi riche de Park Avenue, pour lequel elle ne cache pas son mépris. À l'incompréhension de Big répond la sienne : est-ce comme cela qu'il voit Carrie ? Pire, veut-il faire d'elle une copie conforme de ces femmes huppées des beaux quartiers ?

---

* « Je réalisais avec horreur que Big [...] ne savait absolument pas qui j'étais, c'était triste à pleurer. »

Carrie a pour habitude d'encenser les créateurs qu'elle aime et on imagine aisément que les fans, désireuses de l'imiter, se ruent chez un Manolo Blahnik ou un Prada pour s'offrir les mêmes pièces : la collaboration entre série et monde de la mode est alors fructueuse pour tous les acteurs impliqués. Cette fois-ci, en revanche, Carrie exècre le sac avec une telle passion qu'elle peine à dissimuler sa déception, à laquelle s'ajoutent les piques de ses amies, qui le trouvent particulièrement ringard – de quoi, au passage, heurter les sentiments de la designeuse, Judith Leiber. Que se produit-il pour une marque quand Carrie, loin de l'adouber, la discrédite ? *Sex and the City* dicte-t-elle le bon goût et la mode au point de pouvoir faire ou défaire la réputation d'une maison ? Si Judith Leiber n'a pas donné son opinion sur l'épisode, elle a dû se consoler rapidement de l'affront que la série lui faisait. La diffusion attire immédiatement l'attention de millions de personnes sur ses créations, qui, malgré la critique acerbe de Carrie, plaisent et rencontrent leur public (généralement… des femmes bourgeoises de l'Upper East Side). La série propulse la marque sur le devant de la scène mode : Jennifer Lopez, Beyoncé et tant d'autres portent régulièrement ses modèles sur le tapis rouge. Comme la robe imprimé journal, les pochettes Judith Leiber font leur grand retour en 2023 – marque de l'influence durable de la série sur la mode. On en voit dans toutes les fashion weeks, de New York à Paris en passant par Milan, arborées fièrement par les spectatrices des défilés et les mannequins. Carrie elle-même changera son fusil d'épaule quelques années plus tard : dans le premier film de la franchise et dans le *reboot*, sa collection de sacs inclut une kitschissime pochette tour Eiffel en cristal signée… Judith Leiber.

La mode : machine à sous ou machine à fantasmes ?

Au sujet de son approche de la mode, *Sex and the City* a dû faire face à deux critiques majeures. La première : son côté complètement irréaliste, au mépris des réalités sociales et financières auxquelles ses personnages devraient pourtant se trouver confrontés. Carrie peut-elle vraiment, avec son revenu de journaliste freelance rémunérée à la pige, se payer une garde-robe débordant de chaussures hors de prix et de sacs de créateurs ?

Pour Patricia Field, la question n'est pas pertinente. Elle assume volontiers l'irréalisme du mode de vie et des tenues de Carrie, car après tout, dit-elle : « Ma mission, c'est de divertir. La série n'est pas censée être un documentaire. Ce qui fait qu'elle marche, c'est qu'elle s'affranchit un peu de la réalité[59]. » L'enquête menée par Deborah Jermyn auprès des fans de la série confirme l'intuition de Field : bien sûr, disent-elles toutes, la série n'est pas réaliste[60] – elle donne une vision fantasmée non seulement de la mode mais plus généralement de ce que peut être la vie d'une trentenaire célibataire urbaine sans enfants, très occupée à bruncher tous les deux jours avec ses amies et à dépenser des sommes faramineuses dans des virées shopping hebdomadaires. Affranchie des contraintes matérielles liées au travail, au mariage et à la famille, l'héroïne de *Sex and the City* est libre d'utiliser le contenu de son compte en banque comme elle le souhaite et, plus précisément : pour se faire plaisir à elle-même, et personne d'autre – un message déjà en soi révolutionnaire pour bon nombre de femmes.

Il n'y a d'ailleurs pas que dans son traitement de la mode que la série n'est pas toujours très réaliste ni sérieuse : que dire de cette fin d'épisode où Samantha, frappée d'ostracisme par l'ensemble des bourgeoises de l'Upper East Side après avoir couché avec tous leurs maris, est sauvée par sa rencontre fortuite avec nul autre que Leonardo DiCaprio (ou du moins sommes-nous censées le croire, puisqu'on ne voit de lui que l'ombre d'une silhouette éclairée par l'arrière) ? « Leo » lui tend la main depuis la benne d'un camion sur un chantier en plein milieu des rues de Manhattan, et Samantha, comme touchée par la grâce, retrouve sa place de manière complètement inexpliquée dans un monde où pourtant tout le monde la détestait une heure plus tôt (S2EP5).

Ici et ailleurs, *Sex and the City* s'amuse volontiers de son propre irréalisme. Lorsque les quatre femmes partent quelques jours à Los Angeles, Miranda en profite pour rendre visite à Lou, un ancien collègue new-yorkais. Lou a tout quitté (même le fait d'avaler sa nourriture, mais c'est une autre histoire) pour poursuivre son rêve : écrire des sitcoms à Hollywood. Il lui raconte qu'il travaille sur une série centrée sur trois amis, dont une serveuse un peu extravagante, vivant à New York. Miranda, qui connaît visiblement la série, s'offusque de l'absurdité de l'intrigue : « *It's not New York, it's a soundstage! Twenty-somethings with tiny salaries don't live in huge Soho lofts painted bright colors, it's totally fake**! » La réplique de Miranda est une petite pique à l'attention des autres séries à succès censées se passer à New York (*Friends* en particulier, mais aussi *Seinfeld*) mais tournées dans des décors en carton-pâte à Los Angeles : *Sex and the City* a au moins pour elle l'authenticité de ses décors, puisque c'est la seule à être *réellement* tournée dans Manhattan – choix suffisamment rare (car très onéreux) pour être souligné.

Sur beaucoup d'autres aspects néanmoins, *Sex and the City* est, elle aussi, « *totally fake* ». Avec cette réplique pleine d'ironie, les scénaristes tournent en ridicule les accusations à l'encontre de la série : personne, il est vrai, n'a jamais prétendu faire de la chronique de Bushnell une fiction naturaliste à la Émile Zola. Depuis le début, l'ambition affichée de Star est de produire une série qui « glamourise » New York, pourtant encore très aux prises avec les inégalités et la criminalité et dont l'image reste, à la fin des années 1990, assez sombre. L'irréalisme et le fantasme sont au cœur même du projet depuis le tout premier jour : la mode n'en est qu'une des nombreuses manifestations.

*

* « Mais ce n'est pas la réalité, c'est une fiction, voyons. Les jeunes de vingt ans sans trop d'argent ne vivent pas dans les lofts de Soho peints de mille couleurs, c'est à mille lieues de la vérité ! »

Deuxième reproche communément fait à la série au sujet de la mode : sa promotion d'une surconsommation débridée et déraisonnable de vêtements, de sacs, de chaussures et autres accessoires. Au-delà de l'aspect irréaliste de cette consommation (car les deux vont ensemble), il faut lire derrière cette critique une accusation d'ordre moral et politique : *Sex and the City* serait une série gangrenée par un idéal néolibéral[61], encourageant le gaspillage et les dépenses inutiles, au mépris de valeurs plus nobles, plus modestes ou plus progressistes. Autant évacuer la question immédiatement : l'accusation de colonisation des esprits et des garde-robes des héroïnes par le néolibéralisme est évidemment fondée – mais comment ne le serait-elle pas ? *Sex and the City* est un produit de son temps, marqué par le succès écrasant de ce modèle économique dans lequel nous évoluons encore et qui, pour d'aucuns, semble être devenu le seul modèle concevable. Elle est qui plus est, comme toutes les séries télévisées avant et après elle, un produit commercial, destiné à engranger des profits pour la chaîne qui l'héberge et la produit. Pour comprendre ce que *Sex and the City* peut avoir de révolutionnaire, ou *a minima* de subversif, dans son approche de la mode et des modes de consommation, il faut donc bien saisir les contraintes qui pèsent sur l'objet série, afin de comprendre ce qu'il lui est possible de critiquer mais aussi les limites qui lui sont imposées par sa forme et son médium de destination. En l'occurrence, il serait absurde de faire de *Sex and the City* – ou de lui demander d'être – un tract militant radical, un positionnement qui lui coûterait son entrée dans le *mainstream*, voire remettrait en cause son existence même*.

Les chercheuses Stella Bruzzi et Pamela Church Gibson s'attaquent à la question du consumérisme de la série en l'analysant à travers le prisme des travaux du sociologue Thorstein Veblen[62]. Dans sa *Théorie de la classe de loisir* (1899), Veblen développe le concept de « consumérisme ostentatoire », qui vise un objectif de distinction ou de différenciation sociale. Pour lui se dégagent à la fin du XIXe siècle dans la haute bourgeoisie états-unienne de nouveaux modes de consommation, marqués par un usage ostentatoire des biens d'une part (c'est-à-dire l'acquisition d'objets visant à afficher la capacité à dépenser sans compter) et du temps d'autre part. C'est dans ces classes sociales aisées que le concept de temps libre – et donc la capacité à jouir de son temps – émerge, alors que la majeure partie de la population est occupée à travailler pour sa seule survie. La comparaison avec *Sex and the City* paraît tout indiquée, les quatre amies disposant semble-t-il de ressources illimitées tant en matière d'argent que de temps libre, un luxe qui explique les procès en irréalisme.

---

* Il existe bien évidemment des fictions plus politiquement engagées en matière de féminisme et de critique du modèle néolibéral : on pense par exemple à la série *The Handmaid's Tale : La Servante écarlate* (2017) adaptée du roman de Margaret Atwood, qui dénonce la marchandisation des corps féminins. Les deux séries sont néanmoins produites à vingt ans d'écart l'une de l'autre et *The Handmaid's Tale* émerge dans le contexte très particulier de l'ère post-MeToo, qui voit se multiplier sur les écrans des séries plus ouvertement féministes que leurs aînées. Avec un peu de cynisme, on peut estimer que, si elles voient le jour, c'est aussi qu'elles sont devenues *bankable* pour les plateformes et chaînes qui les produisent.

Centrale à la démonstration de Veblen est la dimension genrée de la consommation ostentatoire : tandis que l'homme profite de son temps libre pour se cultiver ou développer ses hobbys (sports, jeux, chevaux de course), son épouse, elle, sert essentiellement à afficher la richesse de son mari en exhibant les cadeaux qu'il lui fait et les biens acquis grâce à son argent. Là où *Sex and the City* est novatrice, c'est dans le contrepoint qu'elle donne de cette division genrée de la consommation ostentatoire, quelque cent ans après les écrits de Veblen. Dans la série, la consommation devient au contraire un vecteur d'émancipation féminine : c'est leur propre indépendance et pouvoir d'achat que les héroïnes exposent à grand renfort de lunettes Chanel, de visières Vuitton et de sacs Fendi. Leur consommation excessive de produits de luxe devient un symbole très visible et immédiatement lisible de leur réussite sociale, qu'elles ont construite, pour la majeure partie, elles-mêmes. À l'exception de Charlotte, qui vient d'une bonne famille et fait deux mariages avantageux financièrement, aucune des amies ne tient son argent d'un héritage considérable ou de l'aide extérieure d'un homme (Carrie refuse la proposition de Big de lui fournir l'argent pour lui acheter son appartement). Leur succès financier, et donc leur capacité à dépenser sans compter, elles ne le doivent qu'à elles-mêmes, et cela est tout à la fois source de fierté et marqueur identitaire. On le voit bien par exemple dans le film de 2008 tiré de la franchise : lorsque Smith mandate une assistante pour acheter aux enchères une bague sertie de diamants que

Samantha voulait s'offrir, cette dernière est touchée par le cadeau, mais gênée par le symbole. À table, elle raconte à ses amies son impression d'avoir perdu son identité propre et de s'être compromise pour son bonheur à lui : « *Even this ring. I wanted to buy this for myself. That meant something to me, to be able to do that. And then he buys it for me. [...] Now every time I look down at it, I see him, not me**. »

Ce propos quelque peu « *girlboss* » de l'empowerment par l'argent peut faire grincer des dents – je le comprends bien, car c'est mon cas. *Sex and the City* n'est pas (ni ne prétend être), c'est sûr, un manifeste anticapitaliste ou un mode d'emploi pour une vie minimaliste – ce serait faire fausse route que de défendre la série en empruntant cette voie-là. Là où la série détonne et innove en revanche, là où elle offre des espaces subversifs, c'est dans l'engagement constant qu'elle prend pour son spectatorat féminin, dans son dévouement à dépeindre le plaisir féminin : dans le domaine de la sexualité, bien évidemment, mais aussi dans celui de la mode et de la consommation. *Sex and the City* est irréaliste, certes, mais son irréalisme sert le plaisir de ses spectatrices. *Sex and the City* est consumériste, certes, mais son consumérisme est entièrement dédié au plaisir de ses héroïnes.

Il a beaucoup été question ces dernières années du concept de « male gaze » au cinéma, dans les séries et

* « Même cette bague. Je tenais à me l'acheter à moi-même. C'est important d'être capable de s'offrir des choses. [...] Chaque fois que je la regarde, je le vois lui, pas moi. »

dans les médias de manière générale. On oublie souvent que cette notion est éminemment liée à la question du *plaisir*. Théorisé par Laura Mulvey en 1975[63], le « male gaze », ou regard masculin, consiste en une réduction du corps féminin au statut d'objet du désir masculin. Cette réduction est opérée par, entre autres facteurs, un alignement des regards : celui du personnage masculin, celui de la caméra (souvent opéré par un réalisateur) et celui enfin du spectateur (mais aussi de la spectatrice), invités à s'identifier avec le sujet du regard (l'homme) plutôt qu'avec son objet (la femme). Pour Mulvey, le plaisir spectatoriel est « scopophilique » : il est le plaisir que le spectateur prend à observer un personnage, sinon à son insu*, du moins en situation de déséquilibre de pouvoir. Lui est un sujet, tandis que le personnage qu'il regarde est un objet. Ce que Laura Mulvey dénonce au cinéma rejoint certaines des observations formulées par John Berger concernant l'histoire de l'art en général, dans laquelle les figures féminines sont toujours l'objet d'un regard présumé masculin. Dans *Ways of Seeing* (1972), le critique d'art évoquait déjà la manière dont les femmes avaient intériorisé dans leur chair et dans leur psyché l'idée d'être toujours observées, de sorte que sans cesse elles « se regardent être regardées ».

Dans *Sex and the City*, l'alignement des regards théorisé par Mulvey est perturbé : le personnage principal,

---

* Chez Freud, à qui Mulvey emprunte le concept. Au cinéma, on retrouve régulièrement la figure du *Peeping Tom* : un homme regardant par le trou de la serrure, ou quelconque autre fenêtre clandestine, une femme qui ne se sait pas observée (*Psychose*, *Fenêtre sur cour*…).

qui regarde les autres, n'est plus un homme, mais une femme (voire plusieurs) ; le réalisateur est souvent une réalisatrice ; et le spectateur, une spectatrice. Loin de moi l'idée de suggérer qu'une réalisatrice ne puisse pas filmer selon un « regard masculin », les codes du cinéma étant si fermement ancrés (et encore largement enseignés) qu'il est parfois difficile de se défaire de certains réflexes ataviques en matière de représentations genrées. On est en droit, néanmoins, face à ce retournement assez inédit de l'ordre établi, de se demander ce que ce renversement change, si en effet il change quelque chose. *Sex and the City* réussit-elle à libérer ses personnages féminins de ce fameux *male gaze* qui contamine la plupart des fictions et représentations de femmes ? Pour une série qui met tant l'accent sur la sexualité féminine, l'enjeu de ne pas transformer ses personnages en objet sexuels est de taille.

Pour Mulvey, l'un des éléments centraux du regard masculin est la question de l'interruption du récit par le corps féminin donné en spectacle. Là où le personnage masculin constitue un moteur du récit, qui le fait avancer progressivement de rebondissements en péripéties jusqu'à la conclusion du film, le personnage féminin, lui, suspend la narration. Le *male gaze* met l'intrigue sur pause, l'arrête pour nous laisser le temps, à nous spectateurs, au personnage masculin, à la caméra, d'apprécier le corps érotisé de la femme, souvent dans des plans suggestifs – il faut penser par exemple à ces plans qui morcèlent les corps féminins pour ne montrer que certaines zones jugées érotiques ou à ce procédé par lequel la caméra remonte progressivement le long de jambes dénudées. Autour de la femme, tout s'arrête.

Sex and the City n'est pas vraiment coutumière de ce genre de plans. Malgré sa focalisation sur la sexualité féminine, malgré le fait qu'elle montre effectivement de nombreuses scènes de sexe, les corps féminins sont rarement filmés de manière érotique, même quand ils sont nus, même quand les héroïnes elles-mêmes (surtout Samantha) les veulent érotiques : ses acrobaties et les postures ubuesques qu'elle adopte pendant ses parties de jambes en l'air (une expression particulièrement appropriée ici) portent plus à sourire qu'à fantasmer. C'est que, dans l'ensemble, la série ne cherche pas à susciter le désir chez le spectateur.

Son générique induit pourtant en erreur, en incluant une séquence typique du *male gaze* dénoncé par Mulvey. Lorsque Carrie se fait éclabousser par un bus, la scène passe au ralenti (interruption classique du récit pour permettre le *male gaze*). La caméra s'arrête sur le corps de Carrie, qui dans son justaucorps rose pâle devenu transparent évoque irrémédiablement des images familières de concours de tee-shirts mouillés, de lavages de voiture lascifs par des femmes sublimes semblant s'être énamourées du tuyau d'arrosage. Carrie regarde tout autour d'elle, sonde la foule pour évaluer qui l'a vue. Elle vérifie, même, qu'on la regarde. Modelée par des décennies de conditionnement, Carrie se sait sans cesse observée : elle se « regarde être regardée ». Pourtant, la caméra nous refuse l'accès aux autres observateurs : pas de contre-champ pour montrer les regards moqueurs, perplexes ou appréciatifs des passants. Ce qui compte, c'est notre regard à nous. Et nous, ce sont, en grande majorité, des spectatrices, présumées hétérosexuelles, que la série va chercher à séduire par d'autres stratégies que celle du *male gaze.*

C'est là que la question des costumes entre en jeu. Car *Sex and the City* ne refuse pas en bloc à ses spectatrices le plaisir scopique central au cinéma, bien au contraire. Simplement, la série le déplace, de sorte qu'il réside non plus dans l'érotisation du corps de la femme, mais dans un rapport quasi érotique, fétichiste, au vêtement. Ce qui interrompt le récit à grand renfort de ralentis et de travellings, ce n'est plus le corps féminin soumis au regard lubrique, mais les tenues spectaculaires des héroïnes, qu'on laisse amplement le temps aux spectatrices d'apprécier. Le phénomène est particulièrement frappant dans les nombreuses scènes où les quatre amies marchent côte à côte dans la rue, dans des ensembles plus travaillés les uns que les autres. Ces scènes connotent « l'appel au regard » (*to-be-looked-at-ness*) théorisé par Mulvey : l'œil est attiré vers elles, comme aimanté. Les héroïnes se savent regardées. Mais loin d'être réduites au statut d'objet, elles retrouvent ici toute leur posture de sujets. Occupant tout l'espace du cadre (et du trottoir), non plus morcelées et isolées mais en bande, il se dégage d'elles un sentiment de puissance : leurs vêtements sont une armure savamment composée, qui les présente au monde comme elles souhaitent, elles, être regardées. La parade est peut-être destinée, dans le monde propre à la série, aux hommes alentour – mais à l'écran, c'est à nous, spectatrices, qu'elle s'adresse. Lorsque Field choisit les costumes des héroïnes, elle cherche à épater les aspirantes *fashionistas*, pas à plaire au regard masculin (comment expliquer autrement certaines des tenues de Carrie ?).

Sex and the City, comme tant d'autres fictions avant elle, marche au fantasme. Mais comme peu d'autres fictions avant elle, elle marche au fantasme *féminin* : dans le récit comme en dehors, ce qui compte, c'est le désir, au sens large, des femmes, au mépris souvent de celui des hommes. Les spectatrices et les héroïnes se délectent des plaisirs que la série leur autorise, ici l'amour décomplexé pour la mode, là le rêve d'une vie de luxe, débarrassée de toute contrainte matérielle, maritale ou familiale. C'est aussi, bien sûr, le fantasme d'une vie sexuelle centrée sur soi et son propre plaisir. Après tout, le mot « *sex* », lui, est dans le titre.

CHAPITRE 4
« *Let's Talk About Sex, Baby* »

Les quatre amies sont attablées dans le dernier restaurant à la mode et attendent leur commande. Autour d'elles, les autres clients discutent, les serveurs vont et viennent. Mise en place de la scène désormais classique de la pause déjeuner, cadre idéal des séquences de *chat and chew** qui ont fait la renommée de la série. Soudain, comme on parlerait du beau temps et de la pluie, Samantha lâche d'une moue dubitative un : « *I'm dating a guy with the funkiest tasting spunk**!* » (S3EP9). Charlotte se lève brusquement, sans un mot, prend ses affaires, et quitte le restaurant, à notre grande stupéfaction. L'effet comique est parfaitement maîtrisé, et la scène prodigieusement

---

* Littéralement : « papoter et mâcher ». L'expression est utilisée par la production pour parler des innombrables scènes où les quatre amies discutent autour d'un dîner ou d'un déjeuner. Ces scènes sont rapidement identifiées comme un élément particulièrement apprécié des téléspectatrices, tout comme les scènes *think and type* (« réfléchir et taper à l'ordinateur ») de Carrie à son bureau.

** « Je baise avec un type dont le foutre a un goût très bizarre. »

efficace. Nouvel esclandre donc, mais cette fois les amies s'esclaffent et continuent la conversation :

MIRANDA : *And… she's never coming back.*
SAMANTHA : *Well, I'm sorry, but who else can I talk to about this?*
CARRIE : *Might I suggest, no one?*
SAMANTHA : *You're my girlfriends. Help me. Have you ever had this problem? […] This guy is very sour. Like asparagus gone bad or something.*
CARRIE, à la serveuse : *Can I cancel my rice pudding? Thanks.*
SAMANTHA : *Beautiful guy, great in bed, it's so disappointing. It's like getting a bad bottle of beaujolais nouveau the first day of season.*
MIRANDA : *It has a lot to do with nutrition. I once dated a smoker. It affected how his tasted.*
CARRIE : *They should put that on the side of the pack if they want to cut back sales!*
SAMANTHA : *Maybe there's something he could eat to make it sweeter? […] This is serious. I almost gagged. […] What am I gonna do?*
MIRANDA : *Just don't give him head again.*
SAMANTHA : *Hm. I never even thought of that**.

---

* MIRANDA : Je crois que cette fois on ne la reverra jamais. / SAMANTHA : Je suis désolée, mais à qui d'autre voulez-vous que je parle de ça ? / CARRIE : Peut-être tout simplement à personne. / SAMANTHA : Mais vous êtes mes meilleures copines, aidez-moi ! Vous avez déjà eu ce problème ? […] Le sien à un goût très aigre on dirait… des asperges en bocaux périmées. / CARRIE,

J'ai choisi cette scène comme j'aurais pu en choisir une dizaine d'autres, tant la série regorge de conversations de ce genre. Tout ce qui fait l'impertinence de *Sex and the City* est là : l'évocation très libérée de la sexualité, abordée sans fard et avec des mots crus, l'absence totale de tabous de Samantha, capable de décrire le goût du sperme de son dernier partenaire en date entre la poire et le fromage, le plaisir non dissimulé que les amies, hilares, prennent à parler de ce sujet. L'humour est mordant, irrévérencieux, et les traits d'esprit des héroïnes fusent si vite qu'on pourrait presque louper la blague de Carrie qui annule sa commande de riz au lait, par exemple. La réaction des quatre amies colle à leur personnalité respective, de la pudibonderie de Charlotte au côté pragmatique de Miranda, qui répond très sérieusement aux questions posées, en passant par l'impossibilité pour Samantha d'imaginer se priver d'un quelconque acte sexuel. Carrie, en bonne anthropologue sexuelle, observe ses amies, et fait des plaisanteries.

Au long de ses six saisons, la série aborde un impressionnant panel de thématiques et problématiques d'ordre

---

à la serveuse : Je vais décommander mon gâteau de riz, merci. / SAMANTHA : Mais c'est un super coup au lit, c'est très décevant. C'est comme ouvrir une mauvaise bouteille de beaujolais nouveau, le jour où il arrive. / MIRANDA : C'est vrai que c'est lié à ce qu'ils ingurgitent. Je suis sortie avec un fumeur et effectivement, ça jouait sur son goût. / CARRIE : Ils devraient mettre ça sur les paquets, ça ferait drôlement baisser les ventes. / SAMANTHA : Il faudrait peut-être qu'il mange quelque chose pour améliorer le goût. [...] C'est sérieux, j'ai failli lui vomir dessus. [...] Qu'est-ce que je peux faire ? / MIRANDA : Ben... Arrête de le sucer ! / SAMANTHA : Hm. Oh non, c'est inenvisageable.

sexuel : masturbation, plans à trois, cunnilingus et fellation, éjaculation féminine, *dirty talk*, sodomie, précocité masculine, anulingus, addiction au porno, fétichismes en tous genres (pieds, *golden showers*, poupées), exhibitionnisme, tantrisme… tous les sujets y passent. *Sex and the City* est un véritable glossaire du sexe, dont chaque épisode constitue une nouvelle entrée.

« *I did not have sexual relations with that woman, Ms. Lewinsky* » (Bill Clinton)

Pour comprendre à quel point *Sex and the City* est révolutionnaire au moment de sa sortie, il faut revenir au contexte de l'époque. Dans les années 1990, la sexualité, bien que très taboue, fait une entrée fracassante dans l'espace public. Plusieurs grandes affaires secouent l'Amérique, parmi lesquelles les accusations d'agression sexuelle à l'encontre de Clarence Thomas, nommé juge à la Cour suprême en 1991*, puis, à la fin de la décennie, le scandale qui entache la présidence. Bill Clinton a-t-il, oui ou non, couché avec sa secrétaire, Monica Lewinsky ? Tout le pays est partagé entre désir lubrique d'aller fouiller dans les détails les plus salaces de l'affaire (jusqu'à chercher quels actes ont été effectivement pratiqués) et condamnation puritaine de l'adultère. Clinton,

* La nomination de Thomas sera confirmée malgré ces accusations et ce dernier siège encore aujourd'hui à la Cour suprême. On lui doit notamment l'arrêt *Dobbs v. Jackson*, qui annule en 2022 la protection fédérale du droit à l'avortement aux États-Unis.

pour ses indiscrétions, manque d'être destitué de ses fonctions. Par ailleurs, depuis le milieu des années 1980, le spectre de la maladie pèse sur toute relation sexuelle : on découvre que le VIH, appelé d'abord « cancer gay », peut toucher n'importe qui et se transmettre par contact sexuel. Le sida transforme profondément le rapport à la sexualité aux États-Unis et ailleurs dans le monde[64] : face à la menace de la mort, le préservatif, bien que condamné par l'Église, fait sa grande entrée dans les mœurs. Au même moment se développe un discours de résistance à la pathologisation de la sexualité, mis en œuvre dans des prises de risques volontaires (à travers la pratique du *barebacking*, par exemple, qui désigne le choix d'avoir des rapports sexuels sans préservatif). Les premières trithérapies, qui apparaissent en 1996, permettent d'endiguer la maladie (un patient sous traitement est indétectable, il ne peut plus transmettre le virus). Les activistes d'Act Up, à New York, San Francisco ou Paris, luttent pour la déstigmatisation des sexualités homosexuelles. Outre-Manche, la jeune Madonna défraie la chronique en affichant fièrement sa sexualité. Elle publie en 1992, en même temps que sort son album *Erotica*, un livre photo porno chic sobrement intitulé *Sex*, dans lequel figurent, nus, la mannequin Naomi Campbell, le rappeur Vanilla Ice et Madonna elle-même en dominatrice. Le livre, frappé d'anathème par le Vatican qui appelle à son boycott, sera vendu à plus de 150 000 exemplaires aux États-Unis le jour de sa sortie. Le sexe attire et repousse tout à la fois : il est scandaleux, dangereux, mais inlassablement il captive et fait vendre. Quand *Sex and the City* voit le jour, l'Amérique est aux prises avec un faisceau d'injonctions contradictoires sur la sexualité.

À la télévision, le sexe est un sujet interdit. Sur les *networks*, qui développent des programmes pour le grand public, les représentations sont timorées. HBO se saisit du créneau : le programme télé qui ouvre la voie à *Sex and the City* s'intitule *Real Sex*, une série documentaire lancée en 1990. Semaine après semaine, *Real Sex* relate les fantasmes, activités sexuelles et fétiches de l'Amérique moyenne avec force détails. Les séquences se suivent mais ne se ressemblent pas : ici la caméra filme un passionné de poupées sexuelles, là un homme qui raconte son fétichisme pour les gaines et les corsets, avant d'enchaîner sur un *sex club* installé dans une ferme du Wyoming ou sur une soirée échangiste dans une banlieue cossue. Michael Patrick King ne voit pas *Real Sex* d'un très bon œil – « ce programme sordide où ils finissent toujours par tremper le pénis de quelqu'un dans du polyuréthane pour en faire un moulage[65] » –, oubliant qu'il lui doit d'avoir préparé le terrain (et le public) pour une série aussi osée que *Sex and the City*.

Je ne révolutionne pas la science en affirmant ici que le sexe fait vendre. Si HBO mise sur le parfum de scandale, côté français on a bien compris ce principe aussi : initialement acquise par Téva, *Sex and the City* est rapidement diffusée, à partir d'octobre 2000, sur M6, dans une rubrique intitulée « Les filles du mercredi », où elle côtoie

Ally McBeal. Si M6 fait d'abord le choix de regrouper ces deux séries post-féministes, la chaîne déplace assez rapidement *Sex and the City* au vendredi soir, et lui adjoint d'autres séries tout aussi irrévérencieuses, et sexuelles, comme *Californication* ou *Nip/Tuck*. C'est dans ce contexte de diffusion que bon nombre de spectatrices françaises ont découvert *Sex and the City*, dans une grille de programmation qui fait le choix de mettre l'accent sur le sexe plus que sur tout autre élément de la série.

Comme la majeure partie des femmes de ma génération, je découvre *Sex and the City* alors que je suis encore adolescente – je suis donc très loin d'avoir l'âge des héroïnes. Loin aussi d'avoir l'âge de consacrer mes vendredis soir à sortir dans les bars boire des Cosmo (de toute façon je grandis à la campagne, et je doute que le PMU du village en serve). Pourtant, semaine après semaine, je retrouve mon rituel : tard le soir, une fois que ma mère est couchée, je zappe sur M6 pour suivre les aventures des quatre amies. Je dévore un, deux épisodes – ce qu'on m'offre – en luttant contre le sommeil. Souvent, j'essaie de rester éveillée pour la suite des programmes. Pourtant, alors que je raffole de *Sex and the City*, je n'accroche pas vraiment avec *Californication* ou *Nip/Tuck*, que je trouve trop sombres, pas drôles, trop masculines aussi sûrement, puisqu'elles ont en commun, dans mes souvenirs, une réification assez abjecte des corps féminins*.

* Le générique de *Nip/Tuck* prépare littéralement à la « découpe » du corps propre au *male gaze* : les deux héros sont des chirurgiens esthétiques qui pratiquent des liposuccions, augmentations mammaires et autres interventions sur leurs patientes.

Dans *Sex and the City*, les femmes sont agentes de leur désir. Dans les autres séries de la grille, elles sont les objets passifs du désir masculin. Forcément, ça me parle moins.

Je ne sais pas ce que serait devenu mon rapport à la sexualité sans *Sex and the City*, un heureux contrepoint au bombardement d'images sexistes et d'injonctions à la soumission que nous proposaient alors les médias. Je grandis pourtant dans un environnement relativement progressiste, avec des parents ouverts d'esprit qui tiennent à ce que je reçoive une éducation sexuelle digne de ce nom et m'achètent *Le Guide du zizi sexuel* – dans mon Top 5 des moments les plus mortifiants de ma vie. C'est que, pour une jeune fille en pleine puberté, parler de sexualité avec ses parents, même les mieux intentionnés du monde, reste souvent incroyablement gênant. C'est là que les représentations médiatiques entrent en piste : on glane çà et là des images qui nourrissent un imaginaire sexuel, une compréhension (souvent superficielle) de ce qu'est le sexe. Parfois, ces représentations sont trompeuses – *Sex and the City* aborde elle-même cette question lorsque Miranda se voit obligée de simuler face à un homme qui croit que, le sexe, c'est comme dans les films. Alors qu'elle discute avec Carrie et Samantha en regardant distraitement un programme télévisé, une scène de sexe apparaît à l'écran. Miranda les interrompt :

> *Look at this! He climbs on top of her and the next thing you know, she's coming. No wonder men are*

*so lost, they have no idea there's more work involved** (S2EP4).

Parfois, ces représentations sont dangereuses : pour peu qu'on ait grandi avec un accès internet, et *a fortiori* aujourd'hui avec internet dans la poche, sur son téléphone, on tombe rapidement, quand on cherche des informations sur la sexualité, sur des sites pornographiques qui mettent en scène des rapports humiliants, parfois brutaux, voire non consentis, dans une industrie minée par les scandales éthiques. En France, à douze ans, près d'un enfant sur trois a déjà été exposé à du contenu pornographique, selon un sondage OpinionWay pour *20 Minutes* publié en 2018 et relayé par le gouvernement[66]. Le même sondage indique que 62 % des jeunes ont visionné leurs premières images pornographiques avant leur entrée au lycée, c'est-à-dire avant quinze ans. Les adolescents et pré-adolescents consomment des contenus à caractère sexuel, c'est une certitude. Or, à douze ans comme à quinze, on n'a ni les moyens ni même conscience de l'existence du porno éthique**. Dans une bonne partie des contenus consommés *via* les

* « Hé, regardez ça ! Il lui grimpe dessus, et deux secondes après, elle prend son pied. Après ça, les mecs n'ont aucune idée de notre plaisir, ils pensent qu'il suffit de faire ouf. »

** Aussi appelé porno féministe ou porno alternatif, il propose des productions qui diffèrent du porno *mainstream* en ce qu'elles promettent des conditions de travail qui respectent les acteurs impliqués et en ce qu'elles diffusent à l'écran des images différentes, plus inclusives, mettant en avant le consentement et le plaisir des femmes au même titre que celui des hommes.

sites *mainstream*, les femmes sont violentées, soumises, réduites au statut d'objet. Il suffit d'observer la façon dont sont filmées les scènes pour constater que le point de vue est éminemment masculin. De quoi modeler durablement la perception que les jeunes filles se font d'elles-mêmes et de ce qui est attendu d'elles pendant l'acte sexuel, au point d'affecter leur propre désir.

Dans ce marasme d'images dégradantes, *Sex and the City* s'impose, peut-être étonnamment, comme une ressource pédagogique inestimable en matière de sexualité. Pour des adolescents ou des jeunes adultes, elle offre un moyen d'assouvir une curiosité naturelle pour la chose en s'épargnant les injonctions du porno. En 2003, le *New York Times* consacre un article à la série, arguant qu'elle « continue d'informer efficacement les jeunes filles sur le sexe et les relations amoureuses. Beaucoup d'entre elles regardent la série avec leurs parents, qui l'utilisent comme un point de départ pour lancer la discussion. D'autres la regardent en secret[67] ». L'équipe derrière la série a d'ailleurs tout à fait conscience de l'âge d'une partie de son public et profite de certaines intrigues pour transmettre des messages à ses jeunes spectatrices. L'épisode « *Hot Child in the City* » (S3EP15), dans lequel Samantha est chargée d'organiser la bar-mitsva d'une pré-adolescente se vantant d'être une reine de la fellation, est une réponse directe à un article du *New York Times* d'avril 2000, dans lequel le quotidien rapporte qu'il devient de plus en plus fréquent chez les adolescentes de pratiquer régulièrement le sexe oral dès l'âge de treize ans[68]. À la fin de l'épisode,

Samantha, contre toute attente, délivre à la jeune fille et ses amies une mise en garde sur le fait de vouloir grandir trop vite et d'entamer sa vie sexuelle si jeune*. L'épisode vaut à la série de gagner un prix SHINE (Sexual Health In Entertainment) pour sa « représentation exemplaire et réaliste de la sexualité », particulièrement bienvenue dans un contexte de retour des valeurs conservatrices et de censure des cours d'éducation sexuelle dans les collèges et lycées. Il faut ajouter que, même si l'information proposée aux adolescents était satisfaisante, il est tout de même plus amusant de regarder les quatre amies parler de sexe oral que d'enfiler maladroitement un préservatif sur une courgette ou un pied de tabouret en compagnie de ses camarades de classe.

L'un des épisodes les plus marquants, à mon sens, en matière de pédagogie et de représentation du tabou, est celui dans lequel Miranda apprend qu'elle est tombée enceinte malgré son « ovaire paresseux » et le testicule en moins de Steve (S4EP11). L'épisode aborde avec nuance et sensibilité la question de l'avortement, un droit garanti aux États-Unis depuis 1973 par l'arrêt *Roe v. Wade* (et annulé depuis 2022) et en France depuis 1975, mais qui reste peu traité dans la fiction. L'arc narratif de Miranda est l'occasion pour Samantha et Carrie d'évoquer leur

---

* La rumeur dit qu'une première version du script voyait Samantha faire une compétition avec les jeunes filles pour déterminer qui avait la meilleure technique de fellation et que Kim Cattrall aurait refusé cette scène. Néanmoins, aucune source fiable ne l'étaye.

propre rapport à l'avortement : Samantha en a eu deux et n'en garde pas de séquelles psychologiques, Carrie en a eu un, à vingt-deux ans. Dix ans plus tard, elle est encore si honteuse qu'elle ment à Aidan lorsqu'il lui demande si elle a déjà avorté, expliquant à Samantha qu'elle ne veut pas qu'Aidan la juge. Le soulagement que Carrie perçoit chez Aidan lorsqu'elle lui dit n'avoir jamais avorté dit bien l'opprobre social qui pèse sur les femmes qui font le choix d'avoir recours à l'IVG : irresponsables, filles faciles, et fautives quelles que soient les circonstances. Miranda choisit finalement de garder le bébé, dans un *plot twist* très inattendu et à mon sens peu cohérent pour ce personnage – mais ce choix scénaristique s'explique peut-être par le fait que l'actrice Cynthia Nixon était enceinte à ce moment-là et qu'il était plus aisé que son personnage le soit aussi plutôt que de dissimuler sa grossesse par des bricolages en tous genres*. C'est dommage : représenter un personnage adulte et financièrement en capacité d'accueillir un enfant mais décidant tout de même d'avorter aurait été proprement révolutionnaire – et le serait encore aujourd'hui.

Bien entendu, parce qu'elle parle de sexe, la série est immédiatement critiquée pour ses manquements et pour les comportements à risque qu'elle encouragerait. Certains médecins l'accusent même d'être à l'origine

* Les séries s'accommodent pour autant régulièrement des grossesses des actrices, avec des cadrages plus serrés et des costumes plus amples. Sarah Jessica Parker était enceinte pendant la saison 5, qui a dû être raccourcie pour cette raison précise. Il n'en paraît pourtant rien à l'écran.

d'une nouvelle épidémie d'infections sexuellement transmissibles[69]. Les chercheurs Robin E. Jensen et Jacob D. Jensen démontrent pourtant dans une étude quantitative que *Sex and the City* s'en sort beaucoup mieux en matière de représentation du *safe sex* et d'un rapport sain à la sexualité que le reste des programmes proposés à la télévision au même moment[70]. Si les quatre amies ont beaucoup de relations sexuelles, avec beaucoup d'hommes différents, elles sont conscientes des risques qu'elles encourent et cherchent à s'en protéger : lorsque Carrie rencontre Big pour la première fois dans les rues de Manhattan, elle lui rentre littéralement dedans, fait tomber son sac à main, duquel s'échappent plusieurs préservatifs. Big les ramasse, les lui tend en souriant. Le moment est un peu gênant, mais le préservatif devient presque objet de séduction, pas de dégoût. Surtout, il a le mérite d'exister à l'écran, fait assez rare, qui plus est dans une scène classique de *meet cute* (le moment de la rencontre inattendue, souvent cocasse ou humoristique, que l'on retrouve dans toutes les comédies romantiques). Bien sûr, les quatre amies prennent parfois des risques, la série étant une fiction, pas un spot publicitaire préventif contre les IST. Samantha, la plus aventureuse en matière de sexualité, confie à ses amies qu'elle n'a jamais fait de test VIH, de peur qu'il soit positif. Miranda et Carrie sont sous le choc – elles se font toutes les deux tester régulièrement (S3EP11). Ce qui convainc Samantha de surmonter sa peur (moyennant un bel évanouissement dans la salle d'attente de la clinique), c'est l'ultimatum formulé par son amant de la semaine, Tom Reymi, décrit par Carrie comme « *a Manhattan legend – straight, single and sexually very active. In short, the male Samantha** ». Mais à l'inverse de Samantha, Tom est très consciencieux et refuse de coucher avec elle avant qu'elle ne se soit fait tester, après quoi il lui promet de lui faire atteindre le septième ciel. La série mêle habilement la question de la santé sexuelle à celle du désir : se faire tester, c'est aussi pouvoir accéder à de nouvelles pratiques et à un lâcher-prise susceptible d'ajouter au plaisir sexuel.

Focalisation sur le plaisir féminin

C'est sur ce point que la série est *vraiment* révolutionnaire. Loin de se contenter de parler des dangers inhérents à la sexualité, *Sex and the City* met l'accent sur l'importance du plaisir féminin, à un moment où la question est encore extrêmement taboue. Elle invite les femmes à penser d'abord à leur plaisir, et ce dès le premier épisode qui voit Carrie reprendre contact avec un ancien amant dans le seul but de jouir, après quoi elle retourne vaquer à ses occupations. *Sex and the City* ne lésine pas sur la question de l'orgasme – non négociable, comme en témoigne la frustration de Miranda lorsqu'elle fréquente un homme qui malgré tous ses efforts ne parvient pas

—

* « Une légende de Manhattan. Il était hétéro, célibataire endurci, et sexuellement très actif. En résumé, Samantha au masculin. »

à la faire jouir, ou, de manière plus comique, l'orgasme magistral de Samantha façon cantatrice d'opéra, quand elle s'essaye au Viagra (S3EP7). Face au caractère parfois décevant des rapports hétérosexuels, la série promeut la masturbation féminine, qu'elle soit strictement manuelle ou aidée de sextoys en tous genres (S1EP9) :

> MIRANDA : *In fifty years, men are gonna be obsolete anyway. I mean, already you can't talk to them, you don't need them to have kids with, you don't even need them to have sex with anymore… as I've just very pleasantly discovered.*
> SAMANTHA : *Uh-oh. Sounds like somebody just got their first vibrator.*
> MIRANDA : *Not first. Ultimate. And I think I'm in love.*
> CHARLOTTE : *Oh, please, stop! This is so sad.*
> CARRIE : *I'm not gonna replace a man with some battery-operated device.*
> MIRANDA : *You say that, but you haven't met "The Rabbit".*
> SAMANTHA : *If you're gonna get a vibrator, at least get one called "The Horse".*
> CHARLOTTE : *A vibrator does not call you on your birthday. A vibrator doesn't send you flowers the next day… and you cannot take a vibrator home to meet your mother.*
> MIRANDA : *I know where my next orgasm is coming from. Who here can say as much**?

---

* MIRANDA : Dans cinquante ans, les hommes seront tous obsolètes de toute façon. C'est vrai, déjà, on leur parle plus beaucoup, on n'a plus besoin d'eux pour avoir des enfants, on n'a même plus besoin d'eux pour faire l'amour…

En matière de sexe comme en matière de mode, *Sex and the City* dicte la tendance. Lorsque, dans la saison 1, elle développe une intrigue autour du Rabbit, un vibromasseur qui allie pénétration vaginale et stimulation clitoridienne, les ventes dudit sextoy explosent. Le Rabbit devient le jouet sexuel le plus vendu de tous les temps. Même Charlotte, la plus traditionnelle et fleur bleue des quatre, finit par passer outre ses appréhensions et tomber sous le charme du vibromasseur, avec lequel elle passe désormais toutes ses soirées, tant et si bien que ses amies sont obligées d'intervenir pour la convaincre de reprendre une vie sociale. Dans un océan cinématographique et sériel qui met l'accent sur le plaisir des hommes, *Sex and the City* détonne. Elle ne représente pas simplement des femmes qui ont une vie sexuelle – mais des femmes qui y prennent fondamentalement plaisir, et ne s'en excusent pas. Elle contribue par là à endiguer la honte et les préjugés négatifs sur le plaisir et la masturbation féminine, et à combler le « fossé orgasmique » entre hommes et femmes,

---

On se demande bien à quoi ils nous servent, d'ailleurs. / SAMANTHA : Oh oh, on dirait que quelqu'un vient de s'acheter son premier vibromasseur ! / MIRANDA : C'est pas le premier, c'est le nec plus ultra. Et j'en suis tombée amoureuse. / CHARLOTTE : Oh non, arrêtez, c'est vraiment trop triste ! / CARRIE : Je vais quand même pas remplacer un homme par un de ces appareils qui marchent à pile. / MIRANDA : Tu dis ça parce que tu n'as jamais utilisé le modèle Chaud Lapin. / SAMANTHA : Tant qu'à faire, si tu veux un vibromasseur, achètes-en un qui s'appelle Bourrin. / CHARLOTTE : Un vibromasseur, lui, ne vous téléphone pas pour votre anniversaire. Un vibromasseur ne vous envoie pas de fleurs. Et vous ne pouvez pas le présenter à votre mère. / MIRANDA : Moi, je sais à quand remonte mon dernier orgasme, et franchement, je ne sais pas si c'est le cas de tout le monde ici.

puisque les femmes hétérosexuelles, encore aujourd'hui, rapportent atteindre l'orgasme bien moins souvent que leurs partenaires masculins[71]. Par son propos libérateur sur la sexualité, la série s'inscrit dans la lignée du féminisme de troisième vague, qui encourage une approche décomplexée du plaisir féminin, à rebours de la méfiance des féministes de la génération précédente à l'égard de la sexualité, vue comme un lieu de domination et de danger. Elle est la digne héritière de la révolution sexuelle de la fin des années 1960, rendue possible par la légalisation de la pilule et de l'avortement, qui libère les femmes de la menace d'une grossesse non désirée, et d'une nouvelle focalisation sur le corps qui se manifeste dans un appel à mieux se connaître (en témoigne le best-seller *Our Bodies, Ourselves,* publié pour la première fois en 1970[72]) et à déstigmatiser les organes sexuels féminins en les incorporant dans le langage et dans les représentations (on pense aux cultissimes *Monologues du vagin*, pièce de théâtre montée pour la première fois en 1996[73], ou plus récemment aux dessins de vulves qui viennent concurrencer les sempiternels croquis de pénis dessinés partout dans l'espace public).

Charlotte, pourtant la plus prude en apparence, sera la première cible de cette invitation à l'auto-découverte : dans le cinquième épisode de la saison 1, elle pose pour un artiste qui se spécialise dans la peinture de vulves. La sienne sera accrochée dans la galerie au milieu de tant d'autres, générant un jeu de piste unique en son genre pour ses trois amies, qui essaient de deviner laquelle appartient à Charlotte. Dans l'épisode 5 de la saison 4, elle confie à ses amies qu'elle ne sait pas à quoi ressemble sa vulve (peut-être une incohérence scénaristique par rapport à la première saison). Samantha s'empresse de lui conseiller de se regarder dans un miroir de poche, ce que Charlotte fait finalement, seule dans sa salle de bains – quelque dix ans avant que les prisonnières d'*Orange is the New Black* ne s'adonnent à ce même type d'ateliers (S2EP4). Cette expérience d'exploration anatomique dans le monde de la série se répercute aussi sur la production : dans les tout débuts de la série, Jenny Bicks est la seule femme dans une équipe de scénaristes qui ambitionne de parler de sexualité féminine mais qui est composée majoritairement d'hommes gay, qui n'ont par définition pas de relations sexuelles avec des femmes et peinent à replacer les choses au bon endroit. Jennifer Armstrong rapporte ainsi plusieurs anecdotes amusantes dans lesquelles Jenny Bicks entreprend de dessiner l'anatomie féminine pour King et Star sur un chevalet de conférence dans la *writers' room* pour leur expliquer pourquoi telle ou telle scène ne fonctionne pas, physiologiquement parlant[74].

Le regard anthropologique posé par *Sex and the City* sur la vie amoureuse de trentenaires urbaines s'applique aussi à son traitement de la sexualité. Alors que la majeure partie des productions médiatiques de l'époque obéissent au regard masculin théorisé par Laura Mulvey[75], *Sex and the City* ne représente que très rarement la sexualité féminine comme objet de désir masculin. On compte sur les doigts d'une main les scènes dans lesquelles le corps féminin est morcelé, fétichisé ou érotisé, et la chercheuse Sophie Chadelle remarque que ces scènes servent toujours à mettre en évidence, dans une perspective critique, le regard prédateur que les hommes portent sur les femmes[76]. C'est le cas notamment du deuxième épisode de la première saison, dans lequel Barclay, un ami artiste de Carrie, lui révèle qu'il filme à leur insu les mannequins avec qui il couche. Nous, spectateurs et spectatrices, découvrons à travers les yeux de Carrie, non sans une bonne dose de malaise, les *sextapes* non consenties de toutes ces femmes, montées dans une installation vidéo qui se déploie sur une dizaine d'écrans et qui, en effet, réduisent le corps de ces femmes au statut d'objet. Ces séquences font néanmoins figure d'exception dans la série. Le reste du temps, même lorsqu'ils sont nus, les corps sont peu sexualisés, et il est rarement question du plaisir que les hommes peuvent prendre dans les rapports sexuels avec les quatre amies (il est entendu qu'ils en prennent, puisqu'ils font partie de la catégorie qui rapporte le plus haut taux d'orgasme par rapport sexuel – 95 % des hommes hétérosexuels disent atteindre l'orgasme à chaque rapport, contre 65 % des femmes hétérosexuelles[77]). Michael Patrick King lui-même réfute le caractère érotique du programme : « Rien dans notre série n'est fait pour vous exciter. Personne ne regarde vraiment la série dans l'idée d'avoir des rapports sexuels juste après. C'est même généralement la dernière chose que vous avez envie de faire après avoir regardé un épisode[78]. »

Le but premier du sexe, dans la série, n'est pas de titiller son audience. C'est en revanche un instrument comique inépuisable, qu'il se déploie dans des mises en scène – par exemple dans la lutte acharnée qui se joue entre Charlotte et un amant un peu trop intéressé par la fellation, qui lui pousse la tête vers son entrejambe et qui la voit résister de toutes ses forces (S1EP7) – ou dans les dialogues. Si Samantha est la reine des traits d'esprit les plus irrévérencieux sur le sexe, ses comparses ne sont pas en reste. J'en veux pour preuve le magistral « *His dick was the size of one of those miniature golf pencils. I didn't know if he was trying to fuck me or erase me** » (S1EP12) lancé par Miranda au sujet d'un ancient amant. Par le rire, les quatre femmes déstabilisent l'ordre patriarcal : elles incarnent à la perfection la figure de la femme indocile théorisée par Kathleen Rowe dans son ouvrage *The Unruly Woman: Gender and the Genres of Laughter*[79] (1995). Autrement dit, une femme qui dépasse les limites sociales et morales, qui est bruyante et excessive, qui revendique une liberté sexuelle et corporelle et, surtout, utilise l'humour pour se moquer des rôles de genre et des doubles standards liés à la sexualité féminine. Figure transgressive par excellence, la femme indocile reprend, par le discours, le contrôle sur sa vie et sur sa sexualité, dans un monde où les codes sexuels sont encore souvent dictés par des normes patriarcales. En cela, elle s'affranchit des scripts imposés pour

* « Je suis sortie avec un type qui avait vraiment un engin bizarre qui avait la forme d'une gomme. Je n'ai jamais pu dire s'il cherchait à me baiser ou à m'effacer. »

créer ses propres normes : à contre-courant, donc, des représentations qui enferment les femmes, aujourd'hui encore, dans des rôles passifs d'objets sexuels, mais aussi de celles qui dédaignent les femmes jugées *trop* entreprenantes en matière de sexe.

Sex and the City s'empare à bras-le-corps du sujet de la stigmatisation de la sexualité féminine, en dénonçant le double standard qui fait des femmes sexuellement actives des « putes » ou des « salopes » et des hommes des Don Juan. Dans un épisode de la saison 3 justement intitulé « *Are We Sluts** *?* » (S3EP6), Miranda attrape la chlamydia et doit rappeler, honteuse, tous ses amants pour les prévenir et leur conseiller de se faire tester à leur tour. Après avoir fait, en secret, le décompte des hommes avec qui elle a couché (42), elle s'autodéclare, mortifiée, « *a big dirty diseased whore*** », et refuse de donner son nombre de partenaires à Steve : « *No, I can't tell you, I've never told anybody my number****. » Pourtant, Steve révèle sans aucune gêne avoir eu bien au-delà de 60 partenaires sexuelles dans sa vie. La voix off de Carrie explicite de manière limpide le tabou autour de la sexualité de Miranda, là où Steve est tout à fait décomplexé : « *Note: men who have had a lot of sexual partners are not called sluts. They're called good kissers*****. » Il est à parier que cette intrigue trouve une

---

* « Sommes-nous des traînées ? »

** « Je suis une belle garce et une grosse traînée malade. »

*** « Non, je te dirai rien, c'est une chose dont je n'ai jamais parlé à personne. »

**** « Annotation : un homme qui a eu beaucoup de partenaires n'est pas qualifié de salop. On dit plutôt de lui que c'est un Don Juan. »

résonance chez le public de 2025, dans un contexte qui a vu se développer le *body count*, concept arriéré brandi en étendard par les masculinistes pour rabrouer et humilier les femmes ayant l'audace d'avoir une vie sexuelle.

Loin des discours qui visent à contenir le désir féminin, *Sex and the City* le thématise. La série le montre partout, tout le temps. Dans l'épisode 11 de la première saison, « *The Drought* » (littéralement : « la sécheresse »), les quatre amies traversent toutes, pour des raisons diverses, une phase de disette sexuelle. Carrie, qui se désole de la rareté de ses rapports avec Big, se rend compte que sa fenêtre offre une vue imprenable sur l'appartement de ses voisins, un jeune couple sublime et peu pudique qui s'adonne à des parties de jambes en l'air à toute heure du jour et de la nuit. Émoustillée, elle invite naturellement ses amies à venir apprécier le spectacle. Un plan me frappe particulièrement : la caméra, placée à l'extérieur de la fenêtre de Carrie, montre les quatre amies assises à la fenêtre, Charlotte et Samantha à l'avant, Carrie et Miranda au second plan. Les femmes partagent des bonbons comme on partagerait des pop-corn au cinéma, tout en commentant, bouche bée, les faits et gestes du couple qu'on devine en plein ébat. La scopophilie propre au *male gaze* est ici dévoyée : ce sont les femmes qui deviennent les voyeuses, ces figures le plus souvent masculines qui hantent le cinéma. La référence est d'autant plus prégnante que le contre-champ, qui révèle l'immeuble de briques rouges en face, rappellera à tout cinéphile le dispositif mis en place par Alfred Hitchcock dans *Fenêtre sur cour.* Mais ce plan, spécifiquement, va plus loin que de simplement substituer au voyeur des voyeuses. Parce que ces quatre femmes nous font face, on peut aussi considérer que c'est nous, spectateurs et spectatrices, qu'elles observent au-delà du quatrième mur. Plus précisément, elles nous regardent les regarder. La mise en scène interroge, avec beaucoup de finesse et de subtilité, le plaisir voyeuriste que le public lui-même retire de la série. Il redonne en passant du pouvoir à ses personnages féminins – celui de rendre ou de renvoyer le regard, l'un des instruments du *female gaze*, selon le cinéaste Joey Soloway[80].

Le désir féminin s'exprime dans le regard mais aussi dans les mots – parfois dans des termes extrêmement crus, qu'on n'entend pour ainsi dire jamais à la télévision, même vingt-cinq ans plus tard. Je pense par exemple à la scène dans laquelle les filles, et Samantha en particulier, rencontrent pour la première fois Smith, qui deviendra son petit ami (S6EP2). Au restaurant branché Raw (littéralement « cru », mais l'adjectif en anglais renvoie aussi à un élément charnel, un rapport à la peau : on parle de « *raw desire* »), Samantha remarque immédiatement Smith. Avec son franc-parler habituel, elle lâche à ses amies un « *I'm gonna need a napkin to dry off my seat, that waiter was hot**! » qui ne les étonne pas le moins du monde. Pourtant, on pourrait compter sur les doigts d'une main les évocations, dans les fictions télévisuelles, des signes physiques

---

* « Je vais avoir besoin d'une serviette en papier pour essuyer ma chaise, ce serveur est chaud ! »

de l'excitation féminine. Des pénis en érection, voire du sperme, oui – *Sex and the City* n'en est d'ailleurs pas exempte et transforme le sperme en ressort comique lorsque Miranda, à un cours de tantrisme, reçoit en pleine tête la semence du mari de la professeure, qui se fait masturber pour la démonstration (S2EP16) –, mais de la cyprine (terme qui d'ailleurs n'existe pas en anglais), jamais.

Repousser les frontières… mais jusqu'où ?

Chaque semaine, dans la *writers' room*, Michael Patrick King sonde son équipe : « Est-ce qu'on peut dire ça ? Et ça, on peut le dire ? Est-ce qu'on peut montrer ça ? Et ça, ça va passer ?[81] » La plupart des thèmes auxquels s'attaque *Sex and the City* sont mis en image pour la première fois à la télévision. Depuis le début du projet, Star ne cache pas son ambition de repousser les limites du médium télévisuel. La série, elle, repousse les frontières de ce qui peut être dit, montré et discuté à l'écran en matière de sexe, des pratiques les plus banales aux plus inattendues. Elle relève le défi haut la main : selon Benjamin Campion, *Sex and the City* arrive dans le duo de tête (juste derrière *True Blood*, 2008-2014, elle reste donc en tête du classement pendant plus de dix ans) du plus haut nombre de scènes de sexe ou de nudité de toutes les séries HBO diffusées entre 1998 et 2016. Surtout, elle est la série HBO qui met en scène le plus de variétés de positions sexuelles à l'écran, et la seule série, jusqu'en 2016 du moins, à avoir montré l'éjaculation féminine, à deux reprises (S4EP4, S5EP4[82]).

Les représentations les plus osées passent, bien entendu, par le personnage de Samantha, de loin la plus libérée de toutes, un peu plus âgée que ses amies et digne héritière de la libération sexuelle des années 1970. De son propre aveu, Samantha est prête à s'essayer à toute la gamme des pratiques existantes : « *I'm a trisexual, I'll try anything once** » (S3EP4). À elle les positions les plus ubuesques, les plans à trois avec deux hommes gay, les balançoires sexuelles et, bien sûr, le frisson lesbien (S4EP3). À elle aussi les plans les plus suggestifs, allant jusqu'à une scène de nudité frontale, à laquelle seule Kim Cattrall se livre dans la série (S6EP20).

En 2001, la réalité dépasse la fiction : l'actrice et son mari Mark Levinson publient ensemble un ouvrage intitulé *Satisfaction: The Art of the Female Orgasm.* Si l'anecdote à la ville porte à sourire, à l'écran les rires provoqués par la prêtresse du sexe sont plus francs encore, car au lit comme à table, Samantha ne se départit jamais de son humour caractéristique. C'est aussi, sûrement, cet élément comique qui permet à la série de pousser le curseur aussi loin en matière de représentations et de mots.

Pour autant, en revoyant la série, j'ai été parfois décontenancée par la pudeur, voire par le conservatisme de

* « Moi, je suis plurisexuelle. J'essaie tout au moins une fois. »

certaines scènes, parfois incohérentes dans leur écriture, si l'on s'en tient à la caractérisation des personnages. Étonnamment, Carrie est la plus prude des quatre amies, alors qu'elle écrit toutes les semaines une chronique qui parle de sexe. Au lit, elle ne se sépare jamais de son soutien-gorge, et au contraire de Samantha, Miranda et même de Charlotte, ses seins n'apparaissent jamais à l'écran. Ses scènes de sexe sont toujours assez timides et conventionnelles, à quelques exceptions comiques près – je pense notamment à une merveilleuse séquence où l'un des invités du mariage de Charlotte la secoue comme un prunier contre la tête de lit dans la scène sans doute la moins érotique de l'histoire de la série (S6EP8). Cette retenue est liée à l'image d'ingénue de Carrie, mais aussi, et surtout, à son interprète, qui, en tant que star et productrice exécutive de la série, a pu se payer le luxe de refuser de tourner certaines scènes. L'actrice est transparente avec Star dès leur première rencontre et lui annonce qu'il est hors de question pour elle de se déshabiller[83]. Dans son podcast *Are You a Charlotte?*, Kristin Davis se souvient avec amusement de la première lecture collective du script, régulièrement interrompue par les « Non, ça, je ne le fais pas » de Sarah Jessica Parker.

Que cette dernière ait pu décider ce qu'elle voulait montrer ou non est une bonne chose, qui devrait être généralisée dans une industrie qui contraint souvent les jeunes actrices aspirantes à se dénuder pour obtenir un rôle – le choix n'a d'ailleurs pas été laissé aux trois autres comédiennes. En revanche, je reste perplexe face à la pudibonderie de Carrie dans certains des dialogues de la série ou plus largement de la franchise. Dans le premier film *Sex and the City*, Miranda, qui a besoin d'être rassurée, demande à ses amies à quelle fréquence elles font l'amour avec leur partenaire respectif. Carrie est la seule à refuser catégoriquement de répondre à cette question qui est pourtant peu affriolante. Dans la série, Carrie s'avère finalement assez fermée d'esprit sur tout ce qui sort de la norme hétérosexuelle « vanille ». Lorsque Bill Kelley, l'homme politique qu'elle fréquente dans la saison 3, lui confie qu'il fantasme sur les *golden showers*, elle prend ses jambes à son cou sans grande considération pour ses émotions et l'affiche publiquement dans sa rubrique la semaine suivante (S3EP2). Lorsque, quelques semaines plus tard, un autre homme qu'elle voit lui apprend qu'il est bisexuel, c'est un déferlement d'idées reçues et de préjugés qu'elle et ses amies font pleuvoir sur lui (S3EP4). Je ne suis visiblement pas la seule à faire cette observation. En 2023, en réponse à la surprise générale autour de la pudibonderie de Carrie dans le reboot *And Just Like That*, le magazine *Rolling Stone* rappelle avec un titre savoureux que « Carrie Bradshaw a toujours été une grosse coincée[84] ». Pour toutes libérées qu'elles soient, les autres héroïnes de *Sex and the City* ne sont pas exemptes de tabous et de honte internalisée du corps féminin : surprenant, aujourd'hui, de les voir manifester un dégoût palpable lorsque Miranda leur explique, révulsée, que l'homme qu'elle voit a osé l'embrasser après lui avoir fait un cunnilingus (S5EP4)... Bien entendu, Samantha est la seule à ne pas s'en formaliser. Mais c'est finalement Charlotte, contre toute attente, qui surprend le plus par ses pratiques en décalage avec son image de petite fille sage. Lorsque les amies discutent d'anulingus, elle est la seule à confier le pratiquer régulièrement avec Trey, receveuse, mais aussi donneuse (S4EP6). Même Samantha n'est pas aussi aventureuse.

Pour les chercheuses qui travaillent au croisement des études de genre et des études audiovisuelles[85], c'est moins la mise en images que la mise en *mots* de la sexualité qui donne à la série toute sa dimension subversive. Sur ce plan-là, *Sex and the City* n'est pas en reste. Outre le fait que « sexe » constitue le premier mot du titre de la série, les héroïnes usent régulièrement d'un vocabulaire fleuri pour parler des actes qu'elles pratiquent (ou non), mais aussi de leur anatomie : « *pussy* », « *cunt* », « *clitoris* », « *vulva* », « *vagina* », « *buceta* » (« *that's Portuguese for pussy*[*] », nous apprend Samantha pendant sa brève romance lesbienne, S4EP4), tout le dictionnaire des synonymes y passe. Le langage est osé mais, surtout, il est précis. Il constitue un enjeu de réappropriation et de mise en lumière d'un sujet encore extrêmement tabou : on ne compte pas les euphémismes ou paraboles pour désigner les organes sexuels féminins dans la culture populaire, en anglais comme en français. « *Down there* », « *lady bits* », « parties intimes », « minou » ou « nénette »

---

* « Chatte », « con », « clitoris », « vulve », « vagin », « *buceta* » (« c'est-à-dire le minou, en portugais »).

ne permettent pas de nommer précisément l'anatomie féminine. Tous ces euphémismes mènent au même problème : comment guider un ou une partenaire pendant l'acte, comment expliquer une douleur ou une gêne à un médecin, lorsqu'on ne connaît pas les mots pour le dire ou qu'on est incapable de les prononcer ?

Une sensibilité *queer* ?

Invitée dans le podcast *Are You a Charlotte?*, Cynthia Nixon évoque la rengaine de certains critiques au moment de la sortie de la première saison : « Ces personnages ne sont pas vraiment des femmes, ce sont des hommes gay déguisés en femmes hétéros. Les femmes ne parlent pas comme ça. Les femmes ne discutent pas de sexe de cette manière-là. » Si ces critiques avaient bien entendu tort sur le fond, ils mettaient tout de même le doigt sur une incongruité majeure de la série : deux hommes gay créant de toutes pièces des personnages de femmes hétérosexuelles, dont l'expérience ne pouvait, *a priori* du moins, pas être plus éloignée de la leur.

Pourtant le charme opère auprès des femmes, et plus particulièrement des femmes hétérosexuelles, premier public de la série, qui se reconnaissent dans les héroïnes. Mais *Sex and the City* séduit aussi massivement les hommes gay, du fait peut-être d'une sensibilité *queer* insufflée par Darren Star et Michael Patrick King.

Dans son étude ethnographique, Deborah Jermyn compte également plusieurs fans lesbiennes de la série[86]

– mon propre cas et mon entourage me le confirment. Comment expliquer qu'une série à ce point centrée sur des histoires de cœur hétérosexuelles soit tant plébiscitée par des publics *queer* ?

Certaines des raisons ont déjà été évoquées en filigrane dans ce livre : l'approche libérée de la sexualité et la normalisation de certains actes (dont le sexe anal, encore très tabou), la remise en cause du modèle hétéronormatif traditionnel (mariage, enfants) et le motif de la famille choisie, qui emprunte aux trajectoires LGBTQ+, constituent déjà des éléments d'une sensibilité *queer* susceptible de plaire à des publics non hétérosexuels. L'approche décalée et *too much* de la mode, portée par une costumière elle-même lesbienne, en est un autre : elle évoque l'esthétique *camp** chère aux milieux gay et drags – en témoigne le succès de la bien nommée Carrie Dragshaw, alter ego drag de Carrie Bradshaw, sur les réseaux sociaux.

Ces éléments sont loin d'être anecdotiques et la scène *queer* fait partie intégrante de la vie des quatre héroïnes, qui fréquentent régulièrement des lieux et milieux LGBTQ+, des coulisses des défilés de mode, où l'on n'est jamais trop sûr de savoir si l'Apollon tout juste croisé est gay ou hétéro, aux bars et clubs gay (S4EP14), en passant par les soirées bingo organisées par des drag queens – et ce dès le pilote, qui annonce la couleur (S1EP1, S2EP9).

* Le terme *camp* désigne une esthétique qui met l'accent sur la théâtralité et l'artifice, dans une exubérance et une exagération comique. L'idée est « d'en faire des caisses », d'être dans la surenchère, dans une mise en scène teintée d'ironie mais qui n'enlève rien à la sincérité de la démarche.

Si le casting principal ne compte pas de personnage LGBTQ+, Carrie et à sa suite Charlotte sont toutes les deux flanquées d'un meilleur ami gay haut en couleur, le timide mais pétulant Stanford Blatch pour l'une, le tempétueux Italo-américain Anthony Marentino pour l'autre. Le personnage du meilleur ami gay, au même titre que celui du meilleur ami noir, qui enferme des populations minorisées dans des rôles d'accessoires, est désormais décrié, à juste titre. À leur sujet, la chercheuse Suzanna Danuta Walters dit qu'ils ont à peu près la même fonction narrative qu'un sac à main branché[87], une métaphore particulièrement probante pour *Sex and the City*. La série offre pourtant par moments des incursions dans la vie privée de ces personnages, et en particulier de Stanford. Certaines sont touchantes, comme lorsqu'il se confronte à ses complexes de ne pas ressembler au profil type des hommes gay new-yorkais grands, musclés et sexy, lui qui est petit, un peu enrobé et dégarni (S2EP12). D'autres sont plus humoristiques, comme cette séquence iconique où Stanford doit endurer, perplexe et horrifié, la présentation par le menu de toutes les poupées de porcelaine de son amant du moment – puis se fait chasser sans cérémonie, encore à moitié nu, après en avoir cassé une dans le feu de l'action (S3EP5).

Le temps d'un épisode (S2EP6), Charlotte intègre une clique de lesbiennes charismatiques. Séduite par leur côté cool et par leur goût impeccable pour la mode et pour l'art, Charlotte, pourtant la plus hétéronormée de toutes, se rêve en lesbienne honoraire, oubliant au passage qu'au-delà de leur amour pour les *loafers* Prada et leur humour piquant, ce qui lie toutes ces femmes est précisément leur sexualité hors des normes qu'elle révère pourtant. Elle est finalement ramenée à la réalité de son hétérosexualité par la lesbienne en chef du groupe, qui lui assène un « *Sweetheart, that's all very nice. But if you're not going to eat pussy, you're not a dyke** ». Fin de l'idylle pour Charlotte. L'intrigue est de courte durée mais elle a le mérite d'interroger ce qu'est l'identité *queer* : une culture ? des références communes ? une forme d'homosociabilité ? ou simplement une préférence sexuelle ? Deux saisons plus tard, c'est finalement Samantha qui met la main à la pâte (si je puis dire) lorsqu'elle fait la rencontre d'une artiste brésilienne lesbienne, Maria. Pas de pudeur autour du sexe féminin cette fois : Samantha raconte avec passion, émerveillement et amples détails sa découverte des pratiques lesbiennes et des mystères de la « *buceta* ». Le fait que ce soit Samantha, la croqueuse d'hommes, qui se voie attribuer cette intrigue lesbienne peut surprendre. Mais pour d'aucuns, Samantha est peut-être le personnage le plus *queer*-codé de tous : son exubérance, sa voix grave, sa grande taille, sa sexualité libérée sont autant

* « Chérie, tout ça est bien gentil, mais pour être une de nos brebis, il faut brouter du gazon. » Le doublage français introduit un jeu de mots inexistant en anglais, mais contourne l'obstacle en refusant de traduire – une fois encore – « *pussy* » par « chatte ». Par ailleurs, le mot « *dyke* » (« goudou »), une insulte réappropriée par les militantes lesbiennes, est ignoré ici – la réplique perd un peu de sa charge politique et transgressive.

d'éléments qui la ramènent, plus que les autres, vers le fameux épouvantail du « gay déguisé en femme ». C'est aussi celle qui a les pratiques les plus *queer*, exprimées dans le discours ou dans la mise en scène. Dans *Les Héroïnes de séries américaines*, la chercheuse Céline Morin analyse une scène de la première saison révélatrice de l'ambiguïté *queer* du personnage de Samantha :

> Dès le quatrième épisode de la série, Samantha est montrée faisant l'amour avec un homme… en se plaçant derrière lui. L'inversion est flagrante et la surprise qu'elle engendre tout autant : Samantha est proactive, une impression renforcée par un quart de tour de caméra qui laisse penser qu'elle est debout alors qu'elle est allongée, dans cette pratique qui est implicitement une pénétration anale (et qui implique qu'elle se soit dotée d'un phallus)[88].

Lorsqu'elle se met en couple avec Maria, Samantha n'a aucun mal à se déclarer lesbienne sur-le-champ. Ses amies, elles, ne voient pas ce changement de bord d'un très bon œil (S4EP4). Après l'avoir quittée, sur le chemin du retour du restaurant, Carrie, Miranda et Charlotte multiplient les piques à son égard : certains des commentaires ont des relents de *slutshaming* (« *I don't think she's a lesbian. She just ran out of men** »), quand d'autres

---

* « Je ne crois pas qu'elle soit lesbienne mais elle n'a plus d'homme sous la main ! »

rappellent les comparaisons hasardeuses qu'on trouve désormais régulièrement en ligne dès qu'il est question de transidentité, du type « Et moi, je m'identifie à un hélicoptère de combat ». Pas mieux, dans la bouche de Miranda et Carrie, singeant Samantha : « *I forgot to tell you. I'm a fire hydrant !* », « *And I'm a shoe. I always wanted to be one and now I am* »*. La scène a mal vieilli. Les fans les plus assidus ne s'en étonneront pas : dans la saison précédente déjà, les réactions des trois amies (à l'exception de Samantha) à l'annonce de la bisexualité du nouveau petit ami de Carrie sont tout aussi ineptes, assimilant la bisexualité à un phénomène de mode, voire niant son existence : « *I'm not even sure bisexuality exists. It's just a layover on the way to Gaytown*** » (S3EP4). Pour une série censée être pionnière sur les questions sexuelles, menée de main de maître par des *showrunners* gay, ces commentaires sont assez surprenants, pour ne pas dire franchement décevants. Parmi les impairs commis par la série, on compte aussi le traitement très problématique de la transidentité. Quand Samantha déménage dans le quartier en plein essor du Meatpacking District, elle a la mauvaise surprise d'être réveillée en pleine nuit par un trio de travailleuses du sexe racisées et visiblement transgenres. La réaction de Samantha est hostile, et son

---

* « Oh, je ne te l'avais jamais dit, moi, je suis une bouche à incendie ! » « C'est ça, et moi, une chaussure. J'ai toujours voulu en être une et maintenant, pouf, c'est fait ! »

** « Je ne suis même pas sûre que la bisexualité existe. J'ai l'impression que c'est juste une étape sur le chemin de Gay City. »

langage tout autant : avec ses amies, elle évoque son agacement face à ces « *trannies** » qui l'empêchent de dormir (S3EP18). Si la fin de l'épisode voit la réconciliation des quatre amies avec ces personnages trans, sous la forme d'un grand barbecue sur le toit de l'immeuble, les termes employés laissent un goût amer. Pour toute imparfaite qu'elle soit, il ne faut pas oublier néanmoins que *Sex and the City* est un produit de son époque, diffusée à la fin des années 1990, dans un pays qui lutte encore avec ses relents homophobes. Elle a le mérite de présenter une petite mais convaincante panoplie de personnages gay à un moment où la télévision reste très frileuse sur ces questions. L'année précédente, 1997, voit pour la première fois un personnage principal de série faire son coming out en *prime time.* Il s'agit d'Ellen DeGeneres, dans la sitcom *Ellen.* Si ce coming out marque l'histoire de la télévision, il signe un arrêt temporaire de la carrière de l'actrice, qui sera blacklistée à Hollywood pendant une dizaine d'années, avant de faire son retour sous la forme d'un *talk show* très apprécié du public. L'onde de choc du coming out d'Ellen se fait sentir dans le paysage télévisuel dès 1998, avec une baisse significative du nombre de personnages LGBTQ+ dans les années qui suivent.

Aujourd'hui, on reproche souvent à *Sex and the City* sa maladresse dans le traitement de certaines identités sexuelles. Loin de moi l'idée de suggérer que ces discussions ne sont pas importantes ou intéressantes, ne

* « Des travs ».

serait-ce que pour mesurer le chemin parcouru depuis. Il faut néanmoins rappeler qu'au moment de sa sortie la série est saluée par une partie au moins de la critique *queer*. En 2002, James Alan Frutkin écrit dans le *New York Times* que *Sex and the City* est « la meilleure série gay[89] » diffusée à la télévision américaine. Une affirmation surprenante, puisque la série n'est pas, en réalité, une série gay, et que depuis 2000 est diffusée sur Showtime, une autre chaîne du câble, la résolument gay *Queer as Folk*. Pourtant, Frutkin est catégorique : « Depuis son lancement en 1998, [la série] a développé des intrigues qui représentent l'expérience gay avec un esprit et une profondeur que la plus ouvertement gay *Queer as Folk* n'a pas réussi à égaler. » Vingt-sept ans après sa diffusion initiale, la société américaine a considérablement évolué sur les sujets LGBTQ+. Armstrong le remarque :

> Ce qui choquait ou enthousiasmait les spectateurs lors de la première diffusion de *Sex and the City* s'est peu à peu intégré à la vie quotidienne d'une grande partie de l'Amérique moyenne. La culture gay, par exemple, est devenue grand public – une évolution majeure qui a conduit à une acceptation généralisée du mariage homosexuel, aboutissant finalement à sa légalisation en 2015. Après que l'État de New York a légalisé le mariage gay, le journaliste Jesse Oxfeld écrit un article pour *The Observer* résumant tous ces changements. Le titre : « Hier, minorité opprimée,

aujourd'hui, vieille peau ». *Sex and the City* a connu une transformation similaire : hier, pionnières du féminisme, aujourd'hui, des « *basic bitches* »[90]…

Mais alors, Carrie, Samantha, Miranda et Charlotte ont-elles vraiment été des pionnières du féminisme ?

CHAPITRE 5
Une série féministe ?

En juin 1998, quelques semaines seulement après la diffusion du pilote de *Sex and the City*, le magazine *Time* affiche en couverture le visage de l'actrice Calista Flockhart, qui interprète Ally McBeal, et ceux, en noir et blanc, de trois pionnières du mouvement féministe américain : Susan B. Anthony, Betty Friedan et Gloria Steinem. En lettres rouges sur fond noir, le titre se présente sous forme d'interrogation : « Is Feminism Dead*? » La question est rhétorique, et le message clair : pour le *Time*, l'ère des grandes activistes pour les droits des femmes est révolue. La génération X s'est choisi pour héroïne une avocate névrotique et autocentrée, une *working girl* certes accomplie sur le plan professionnel et financier, mais profondément malheureuse en amour, et incapable d'entretenir une relation durable et saine avec un homme.

C'est sur Ally McBeal, diffusée un an avant *Sex and the City*, qu'est tombée la condamnation du *Time*, mais,

* « Le féminisme est-il mort ? »

à quelques mois près, la cible aurait facilement pu être Carrie. Comme *Ally McBeal*, *Sex and the City* est emblématique d'une grande tendance à la fois culturelle et industrielle de l'orée des années 2000 : celle des séries menées par une ou plusieurs protagonistes féminines, à la caractérisation plus fine et complexe que jamais auparavant, et s'adressant à un public principalement féminin[91]. Véritable phénomène de la fin des années 1990, on pense, outre ces deux séries, à *Xena, la guerrière*, *Buffy contre les vampires* ou *Charmed*, et dans leur sillage, au début des années 2000, à *Gilmore Girls*, *Desperate Housewives* ou encore *Veronica Mars*. Les femmes qui peuplent ces fictions sont des femmes indépendantes, fortes, qui évoluent le plus souvent hors du foyer – elles sont, pour beaucoup, des archétypes de la *working woman* – et ne se soumettent pas aux normes traditionnelles du mariage et de la maternité. Rapidement, ces séries, parce qu'elles présentent des propositions alternatives au modèle dominant, se retrouvent au centre de débats et de conversations autour de la féminité, du statut des femmes aux États-Unis et du féminisme.

Comme *Ally McBeal*, et peut-être à plus forte raison, *Sex and the City* déchaîne les passions autour d'une question centrale : s'agit-il d'une série féministe ? La question est d'autant plus complexe que les créateurs de la série se refusent à y répondre frontalement : le matériau doit parler de lui-même. Dans la presse généraliste et spécialisée, dans les revues universitaires, les analyses se multiplient. D'un côté, on avance que la série est évidemment féministe, puisqu'elle développe un propos émancipateur sur les injonctions qui pèsent sur les femmes, parle librement de sexualité et de plaisir féminin, et montre des personnages de femmes qui s'épanouissent hors des rôles d'épouse ou de mère, qui ont longtemps peuplé le petit écran[92]. De l'autre, on lui reproche de surfer sur un féminisme de surface, qui réutilise certains éléments du jargon féministe mais répugne à toute forme de radicalité. On critique sa promotion d'un consumérisme débridé *via* l'addiction au shopping de ses héroïnes, jugée peu compatible avec la lutte féministe. Alors, *Sex and the City*, pionnière féministe ou poseuse ?

Si la série ne tranche pas la question, ses scénaristes ont tout à fait conscience qu'elle se pose. Mieux encore, ils s'en amusent et jouent à entretenir le flou sur leur positionnement féministe. Grâce à ses quatre héroïnes aux caractères diamétralement différents, *Sex and the City* offre une variété de points de vue sur des sujets chers au mouvement féministe et sur la place des femmes dans la société contemporaine.

L'épisode le plus emblématique de la manière dont la série travaille les différentes postures féministes possibles est certainement celui dans lequel Charlotte décide de quitter son métier de galeriste pour devenir femme au foyer (S4EP7). Elle appelle Miranda, la plus carriériste des quatre amies, et lui reproche d'avoir accueilli son annonce faite la veille au brunch avec mépris. Visiblement à fleur de peau, elle se défend au téléphone en revendiquant son choix comme féministe : « *The women's movement is* *supposed to be about choice, and if I choose to quit my job, that is my choice!* », puis martèle « *I choose my choice! I choose my choice!* »*. La question du choix soulevée par Charlotte est un lieu commun du féminisme libéral, qui voudrait (et c'est une simplification un peu grossière) que le but du mouvement pour les droits des femmes soit précisément que chacune ait le choix de vivre sa vie comme elle l'entend – comme si une multitude de contraintes structurelles et de normes extérieures ne pesaient pas, justement, sur ces choix.

D'un côté, le fait que Charlotte réclame à grands cris la bénédiction de Miranda témoigne de son inconfort face à sa propre décision. Elle a bien conscience que le choix d'abandonner son métier pour se consacrer à son mariage ne sera pas vu d'un très bon œil par ses amies : à la fin des années 1990, l'idéal féminin et féministe n'est plus l'image d'Épinal de la femme au foyer, qu'on laisse volontiers aux années 1950. Lorsque des candidates à son remplacement, toutes plus jeunes qu'elle, s'étonnent qu'elle puisse vouloir abandonner son poste de rêve, Charlotte vacille. Elle n'assume pas et finit par mentir sur les raisons qui la poussent à partir, inventant qu'elle siège au conseil d'administration d'une fondation luttant contre le sida. Désormais, pour être considérées comme pleinement épanouies, les femmes doivent avoir leur propre carrière, et Charlotte le sait. Celles qui choisissent

---

* « Le mouvement des femmes est fondé sur le droit absolu de choisir, et si je choisis de quitter mon travail, eh bien, c'est mon choix ! » « Je valide mon choix ! Je valide mon choix ! »

de changer toute leur vie et leur identité une fois mariées payent au prix fort leur sacrifice des idéaux féministes d'émancipation et d'indépendance sur l'autel du patriarcat : elles sont frappées d'opprobre et sévèrement jugées par leurs pairs (en témoigne le mépris des filles pour Laney, dans la première saison). Ce jugement, Charlotte avoue d'ailleurs l'avoir partagé : « *You think I'm one of those women. […] One of those women we hate who just works until she gets married**. »

Charlotte n'a pas tout à fait tort lorsqu'elle accuse Miranda de la juger, même si cette dernière s'en défend. Mais la fin de l'épisode adoucit le dogmatisme de l'avocate. Alors qu'elle s'est bloqué le cou, elle est contrainte de s'arrêter de travailler. Miranda prend alors plaisir à cuisiner, à mettre son appartement en ordre et à regarder les *telenovelas* de l'après-midi – en d'autres termes, elle goûte cette petite vie de femme au foyer qu'elle juge pourtant avec dédain. Alors qu'à l'écran Miranda s'enfonce avec délice dans son canapé, Carrie commente malicieusement en voix off : « *She would have to go back to work eventually… just to prove Charlotte wrong***. » Le recours à l'humour vient dédramatiser le conflit qui oppose les deux amies. Mais il sape et décrédibilise aussi toute tentative de lire dans la série un positionnement trop prescriptif ou radical, en montrant que même la très sérieuse Miranda

---

* « Tu me prends pour une de ces femmes. […] Une de ces femmes qu'on déteste, celles qui cessent de travailler après le mariage. »

** « Tout en sachant qu'il faudrait bien un jour qu'elle retourne au bureau pour prouver à Charlotte qu'elle avait tort. »

entrevoit les plaisirs d'une posture moins stricte et sévère. Par ce tour de passe-passe, les scénaristes proposent un entre-deux qui ne se mouille pas vraiment. Le but est, évidemment, d'éviter de perdre les parts d'audience un peu plus conservatrices, qui pourraient se sentir insultées par une condamnation trop franche du choix de Charlotte.

« L'art du compromis » (S4EP9)

La rhétorique mobilisée par Charlotte ainsi que le refus des scénaristes d'adopter une position tranchée en faveur de l'une ou de l'autre des amies sont emblématiques du rapport ambigu de la série à la question du féminisme, comme beaucoup de fictions de cette époque. Plutôt que féministe, on dira que la série est « post-féministe », un concept développé à la fin des années 1980 pour parler des représentations culturelles ambiguës qui émergent à ce moment-là.

Le terme fait débat, tout comme sa définition. Pour certaines théoriciennes, il est tout simplement synonyme d'un déferlement d'images et de messages antiféministes dans les médias[93]. Au tout début des années 1990, Susan Faludi publie *Backlash : La Guerre Froide contre les femmes.* Elle y théorise le « retour de bâton » des années 1980 : un virage conservateur qui vient miner deux décennies de progrès pour les droits sociaux, notamment les droits des femmes, dans la plupart des pays occidentaux (légalisation de la contraception, d'abord pour les couples mariés, puis pour les femmes seules, légalisation de l'avortement, libération sexuelle, etc.). Dans les médias émerge alors un discours discréditant le féminisme, avançant d'une part que celui-ci ne sert plus à rien puisque l'égalité femme-homme est atteinte (d'où le suffixe « post- » dans post-féministe), et d'autre part qu'à bien y regarder le féminisme aurait en réalité desservi les femmes, désormais écartelées entre l'injonction à avoir une carrière et leur rôle d'épouse et de mère, ne parvenant à faire correctement ni l'un ni l'autre. On avait promis aux femmes qu'elles pouvaient tout avoir (« *Can we have it all** ? » se demande Carrie dans la saison 3, S3EP10) : elles comprennent enfin qu'il s'agit d'une arnaque. Par un tour de passe-passe rhétorique, le féminisme devient la cause des problèmes des femmes plutôt qu'une arme possible pour y faire face. Faludi montre que ces « problèmes » déplorés par les médias sont en grande partie inventés, amplifiés pour soutenir le propos réactionnaire qu'ils déploient, et qu'on pourrait résumer en quelques mots bien connus : « c'était mieux avant ».

Mais d'autres autrices adoptent une posture moins sévère et pessimiste sur le post-féminisme. Plutôt qu'un antiféminisme qui avancerait masqué, elles y voient une grande entreprise de négociation des héritages du féminisme[94]. On célèbre les victoires remportées par la génération précédente : la liberté sexuelle, l'autonomie financière se déploient à l'écran dans la promotion du consumérisme et d'un hédonisme qui vire parfois à l'individualisme. On met à distance en revanche certains

---

* « Pouvons-nous tout avoir ? »

aspects jugés trop dogmatiques, trop lourds, du féminisme de deuxième vague : on recherche un peu de légèreté et de fluidité dans un monde qui n'est plus aussi verrouillé et vérolé que celui des années 1960 – quitte à ignorer les inégalités qui pèsent encore entre les femmes et les hommes.

Quelle que soit la définition adoptée, la question de la pertinence du féminisme ou de son obsolescence devient une composante essentielle du climat culturel de la fin des années 1990. Naturellement, elle se manifeste aussi dans des fictions comme *Sex and the City* dont le rapport au féminisme est « marqué par la contradiction et l'ambiguïté[95] », deux marqueurs du post-féminisme.

Sex and the City est évidemment héritière des victoires féministes et de la libération sexuelle des années 1960 et 1970 – on imagine mal Samantha « baiser comme un homme » dans un contexte où la pilule serait encore réservée aux couples mariés. Sa focalisation sur l'amitié féminine et les discussions hebdomadaires de ses héroïnes, qui dissèquent leur vie, leur rapport aux hommes et à la sexualité, rappellent les cercles de parole non mixtes mis en place dans les années 1970 par les militantes pour les droits des femmes, instrument de politisation qui donna naissance à l'idée que « l'intime est politique », slogan phare de la deuxième vague. La série est aussi imprégnée d'une partie des sujets qui occupent le mouvement féministe des années 1990 : l'exploration corporelle, le plaisir féminin. Pour celles et ceux qui la cherchent, la critique du patriarcat et d'un monde qui sert encore majoritairement les intérêts des hommes est bien présente. Fidèles au ton comique de la série, les répliques féministes sont souvent distillées sous la forme de piques pince-sans-rire, comme lorsque Miranda, en réaction à la volonté de Charlotte de s'inscrire à un cours de tantrisme appelé « *How to Please a Man* », répond du tac au tac : « *I know how to please a man. You just give away most of your power**. » La dénonciation fréquente du double standard qui pèse sur les hommes et sur les femmes en matière de sexe comme ailleurs participe elle aussi de la sensibilité féministe de la série. C'est encore Miranda qui le pointe du doigt lorsque son rencard de la semaine, Joseph, un homme qui vient de se faire faire des implants capillaires, réagit particulièrement mal lorsqu'elle lui apprend qu'elle prévoit de faire congeler ses ovocytes (S2EP11) :

> JOSEPH : *What is all this reproductive technology doing for us? I mean do we want desperate women having babies at fifty? Maybe some people are not supposed to procreate. Maybe this is the world's way of weeding out the weak, you see? If you ask me, this is a ridiculous abuse of science. You have now designer sperm and simulated womb. Here's a good idea... Why don't we just eliminate men altogether?*
> MIRANDA : *Hey! I don't need to be lectured about science by a man who's doing crop rotation on his forehead***.

---

* « L'art de combler le mâle. » « Je sais comment les combler, leur faire croire que c'est eux qui maîtrisent tout. » En français, il me semble que l'on perd la charge politique de la réplique originale *via* l'élision de la question des rapports de pouvoir.

** JOSEPH : On peut s'interroger sur le bien-fondé de cette technologie, même pour nous. Elle permet à des femmes désespérées d'avoir un bébé à cinquante ans. Peut-être que certaines personnes ne doivent pas procréer, peut-être que

Miranda est celle qui porte les idées féministes les plus radicales, et les coups d'éclat les plus vifs. Mais les trois autres amies ne sont pas en reste. Sur le plan des idées, toutes sont imprégnées de la culture féministe des vingt dernières années. Une oreille attentive remarquera les références aux institutions et penseuses féministes des années 1990 qui émaillent la série. Charlotte évoque fièrement ses études faites à l'université Smith (S1EP4), connue pour avoir formé les grands noms du féminisme de deuxième vague, comme Gloria Steinem ou Betty Friedan. Les dialogues font référence à Diane Sawyer, Tina Brown, Rosie O'Donnell, femmes influentes, journalistes et artistes respectées et connues pour leur engagement féministe, ou encore à Camille Paglia (S1EP5), une des théoriciennes féministes les plus importantes (et les plus controversées) des années 1990. Par ces mentions fugaces, Carrie et ses amies montrent qu'elles sont au fait des grands débats féministes de la période. Comme beaucoup de femmes de leur génération, elles ont « grandi avec le féminisme dans l'air […] comme une sorte de fluor politique[96] », pour reprendre la métaphore des chercheuses Jennifer Baumgardner et Amy Richards. La dissémination de ces références sans plus d'explications dans les dialogues

---

pour éliminer les faibles, la nature a trouvé ce moyen, vous voyez ? D'après moi, ces technologies sont abusives médicalement. On choisit les meilleurs spermatozoïdes, pour mieux pénétrer les ovules… J'ai une idée. Pourquoi ne pas éliminer tous les hommes sur cette planète ? / Miranda : Eh ! Je n'ai pas à être sermonnée sur la science par un homme qui fait pousser des poireaux sur sa tête.

suggère que les publics de la série sont, eux aussi, censés être éduqués à ces enjeux et sauront attraper au vol tel ou tel nom – sans quoi la blague tomberait à plat. Si les scénaristes américains postulent donc bien une base commune de connaissance et d'adhésion aux idéaux féministes dans l'Audimat de la série, ce n'est visiblement pas le cas des diffuseurs français en charge de la traduction.

Cocorico antiféministe ?

Dans la version française, adieu Camille Paglia, oblitérée des dialogues. Adieu aussi Diane Sawyer, Tina Brown, remplacées non pas par des femmes influentes connues des Français (une Claire Chazal, par exemple, ou une Édith Cresson), mais par Tina Turner et Naomi Campbell, des pop stars et mannequins qui sont certes des femmes, mais qui ne sont alors pas particulièrement connues pour leurs idées ou leur engagement. Ces substitutions sont loin d'être des cas isolés : Anne-Lise Feral, qui a travaillé sur les enjeux de la traduction audiovisuelle de *Sex and the City*, montre que le doublage français procède trop régulièrement pour que ce soit un hasard à un effacement du sous-texte féministe de la série[97]. Celui-ci se manifeste aussi dans le traitement de la sexualité et des mots pour la dire, beaucoup plus timides en français qu'en anglais.

Au moment où *Sex and the City* arrive en France, la télévision commence tout juste à proposer des fictions représentant des personnages féminins avec un peu de profondeur, principalement dans les séries policières, les sitcoms et les séries dites de romance à la *Hélène et les garçons*. Dans ces fictions, la sexualité est représentée avec beaucoup de pudeur : le ton est très conservateur, pour ne pas dire prude[98]. Le choix de Téva puis M6 de diffuser *Sex and the City* est donc particulièrement audacieux : la direction de M6 dit d'elle dans son rapport annuel 1999 qu'elle est une « vraie bombe » dans le paysage audiovisuel français, notamment pour son traitement très libre de la sexualité féminine. Pour autant, une bonne partie des termes les plus crus employés dans la série en langue anglaise ne passent pas l'épreuve de la traduction. Les occurrences qu'Anne-Lise Feral et Sophie Chadelle relèvent dans leurs travaux respectifs sont aussi édifiantes qu'effarantes.

Dans le premier épisode de la série, c'est Skipper, un ami de Carrie, qui manifeste un certain malaise à l'idée de nommer l'anatomie féminine.

> SKIPPER : *You know, most guys, when they meet a girl the first thing that they see is… You know…*
> CARRIE : *Pussy?*
> SKIPPER : *Oh God! Oh! I hate that word**.

Le pilote donne le ton : Carrie n'a pas peur des mots – et aucun souci à dire « chatte » dans une conversation lambda. Au contraire, elle semble prendre un certain

* SKIPPER : Tu vois, la plupart du temps, ce que les mecs regardent en premier chez une femme, c'est euh… Comment dire ? Enfin, disons, euh… / CARRIE : Leur popotin ? / SKIPPER : Oh, quelle horreur ! Je déteste ce mot.

plaisir à mettre Skipper mal à l'aise en prononçant le mot interdit. Quelle surprise alors de constater que dans le doublage français le mot « *pussy* » a été transformé en… « popotin », qui, au-delà de son côté enfantin et désexualisé, ne désigne même pas la même partie du corps… Il ne s'agit pas là d'un simple accident de parcours : Sophie Chadelle souligne que, sur les trois fois que le mot « *pussy* » est utilisé dans la saison 1, aucune occurrence n'est traduite littéralement dans le doublage. Il y a donc là un choix conscient, voire une consigne donnée par la chaîne aux traducteurs, de procéder à une forme de censure du matériau originel. C'est d'autant plus surprenant que le doublage de *Sex and the City* ne renâcle pas sur les mots crus à bien d'autres endroits. Dans les dialogues français pullulent les « baiser », « se faire tirer », « se faire sauter », « se taper », traductions littérales des propos anglais. Aucun problème non plus avec l'anatomie masculine : « couille », « queue » et « bite » se côtoient allègrement dans les dialogues dès la première saison*. Il semblerait donc que le dernier tabou, la dernière frontière infranchissable, pour le public français, soit celle du sexe féminin. Outre le refus de traduire « *pussy* » par « chatte », Sophie Chadelle relève des incohérences de traduction (voire des refus d'obstacles) concernant l'évocation du

---

* Dans la version anglaise déjà, Sophie Chadelle note un déséquilibre notoire entre les références à l'anatomie masculine et féminine, pour une série pourtant centrée sur le plaisir féminin. Elle compte dans les dialogues de la première saison 16 occurrences renvoyant au sexe masculin, pour seulement 7 au sexe féminin (dont une utilisée comme une insulte : « *he's a pussy* »).

cunnilingus. Dans l'épisode 4 de la saison 1, Samantha évoque les mille positions qu'elle a essayées avec son amant du moment. Toutes sont traduites fidèlement dans le doublage français, jusqu'à la dernière : « *on his face** », qui renvoie au *face-sitting* (la femme se positionne au-dessus de la bouche de son ou sa partenaire), est traduit par « la levrette ». Le terme ne désigne pourtant ni le même acte ni franchement le même rapport de pouvoir entre les deux partenaires. Quatre épisodes plus tard, Miranda, qu'aucune de ses amies n'a voulu choisir pour un hypothétique plan à trois, se lamente auprès de son psy : « *But if your friends won't go down on you, who will?* » (S1EP8). En français, cela devient : « Si vos amies ne veulent pas de vous, qui voudra ? » On y perd la spécificité de l'acte, et même la dimension sexuelle. La VOST corrige le tir en proposant une traduction bien plus appropriée : « Mais si vos amies refusent de vous lécher, qui voudra ? » Plus surprenant encore, Sophie Chadelle remarque que le doublage français semble éviter, dans la majorité des cas, toutes les évocations des seins des héroïnes : « *tits on toast* » (S1EP6) devient « tu lui sers tout sur un plateau » (pourquoi ne pas avoir traduit par « tes seins sur un plateau » ?), « *giraffes with big breasts*** » (S1EP2) est traduit par « girafes un peu moins cons », et la petite annonce d'une femme se présentant comme « *me, gorgeous with big breasts**** »

---

* Littéralement « sur son visage », sous-entendu « assise sur son visage ».

** Littéralement « des girafes avec des gros seins ».

*** « Moi, sublime, gros seins. »

(S1EP8) est transformée en « moi, grosse salope », qui introduit au passage une insulte sexiste absente de la VO. Dans tous les cas, la corporéité féminine est invisibilisée, effacée du dialogue. Toutes ces stratégies traductives, ces contournements et ces euphémismes contribuent à affaiblir la portée révolutionnaire du langage et la dimension proprement féministe de la série. Le personnage de Carrie, déjà relativement pudique, est rendu encore plus coincé par le doublage français, qui sentimentalise les dialogues : « *have sex* » est fréquemment remplacé par « faire l'amour », alors que « coucher » serait plus juste, et « *the sex was amazing* » devient en français « Jack était un merveilleux amant », qui ramène l'attention sur l'aspect sentimental de leur relation[99].

*

Il peut arriver, bien entendu, que les traducteurs commettent quelques maladresses du fait d'une méconnaissance de pratiques culturellement ancrées dans une communauté*, ou qu'ils soient limités dans leurs choix par des contraintes techniques, puisque le doublage impose de suivre le mouvement des lèvres des actrices. L'exercice est périlleux. Pour autant, la censure du féminisme de *Sex and the City* opérée par la traduction

---

* Je pense à une traduction hasardeuse de « Prep », un médicament préventif protégeant d'une infection au VIH et plébiscité dans la communauté gay, par « préliminaires » dans le sous-titrage français de *13 Reasons Why*.

française ne doit pas être vue comme un simple accident de décodage. Elle relève plutôt d'un travail d'adaptation, fait par la chaîne ou par la société de traduction, pour un public français dont les connaissances et l'ouverture d'esprit semblent avoir été estimées plus limitées que celles du public américain. *Sex and the City* ne fait pas figure d'exception, et n'a été ni la première ni la dernière à subir ce type de censure. En 1982 déjà, dans un contexte où les représentations LGBTQ+ à l'écran sont encore très timides, la série *Dynasty* ose mettre en scène le coming out de l'un de ses personnages principaux. Face à son père et à toute sa famille, Steven affirme : « *I'm a homosexual, dad. I'm gay. And I want you to face it, and say it. Say it. Steven is gay. Somebody say it**! » Le doublage français fait des pirouettes pour ne pas dire le mot : « Je ne suis pas comme vous tous, papa. Il faut me croire et accepter la vérité. Allez, dites ce que vous pensez, allez, dites-le. Dites ce que vous pensez… Steven est malade. Que quelqu'un le dise ! » On comprend bien ici la stratégie de contournement : Steven sait que sa famille pense que l'homosexualité est une maladie et projette donc leur jugement dans le dialogue… Il n'en reste pas moins que la force du coming out est bien amoindrie par ce choix de traduction, et on comprend mal, « homosexuel » et « gay » existant bien en français, pourquoi ils n'ont pas pu être utilisés tels quels.

---

* Littéralement : « Je suis homosexuel, papa. Je suis gay. Et je veux que tu voies la vérité en face, et que tu le dises. Dis-le. Steven est gay. Que quelqu'un le dise ! »

Sophie Chadelle relève pléthore d'exemples similaires dans les VF de séries américaines plus récentes comme *Grey's Anatomy* ou *Ugly Betty*, des insultes aux références culturelles spécifiques (américaines mais aussi mexicaines ou écossaises, liées au multiculturalisme de la société états-unienne) gommées, jugées inaccessibles à un public français. Pourtant, dans *Sex and the City*, ce contournement va plus loin, jusqu'à parfois réintroduire un propos patriarcal ou réactionnaire absent, voire remis en cause dans la version originale. Elle relève notamment une réplique de Miranda, qui, mécontente d'être laissée sur le banc de touche par ses amies pour ce plan à trois imaginaire, se lamente encore : « *It's like picking teams for dodgeball all over again*[*] » (S1EP8). Dans le doublage français, cela donne : « Je pense que j'aurais l'impression de baiser avec des vieilles pétasses en chaleur[100]. » Alors, certes, le *dodgeball* est un sport méconnu en France, mais l'humiliation d'être choisie en dernier pour les équipes de sport au lycée est une expérience universelle facilement traduisible. On reste perplexe face au choix des traducteurs ici, qui décident d'ignorer royalement la référence sportive pour faire dire à Miranda que ses amies sont « des vieilles pétasses en chaleur ».

Moins scandaleux, mais tout aussi significatif, Anne-Lise Feral[101] montre que le doublage français déprécie également à plusieurs reprises la réussite universitaire

---

* Une traduction plus fidèle pourrait être : « C'est comme d'attendre d'être choisie pour les équipes de dodgeball quand on était au lycée. »

et professionnelle des héroïnes. Ainsi, Samantha, qui a fondé sa propre entreprise de relations publiques (« *I own my own PR firm* »), en est seulement la « dirige[ante] » dans le doublage français (S1EP5), voire, de manière encore plus vague, une « indépendante » (S1EP2). Le succès professionnel de Miranda, souligné dans la voix off par la mention d'une « fusion importante » entre deux cabinets d'avocats (« *Miranda had worked on a successful merger* », S1EP7), est également minimisé dans le doublage : « Miranda était débordée de travail. » Ce qui est vrai pour la caractérisation du succès professionnel de chacune des héroïnes l'est aussi, à plus large échelle, pour la réflexion sur le traitement réservé aux femmes qui réussissent. Dans le pilote de la série, Charlotte observe avec acuité : « *Most men are threatened by successful women. If you want to get these guys, you have to keep your mouth shut and play by the rules**. » En français, cette observation se transforme en : « La plupart des hommes ont peur des femmes qui rougissent. Si vous voulez en garder un, vous ne devez pas ouvrir la bouche. » Outre l'incohérence introduite par ce choix de traduction (quel rapport entre rougir et se taire ?), on perd de vue ici la dénonciation légitime de Charlotte de la peur suscitée chez les hommes par les femmes qui réussissent. Comme le souligne Chadelle, le « succès professionnel féminin disparaît au profit du cliché de l'image de la jeune vierge effarouchée rougissante[102] ».

* Littéralement : « La plupart des hommes ont peur des femmes qui réussissent. Pour réussir à avoir ces types-là, il faut garder la bouche fermée et suivre les règles. »

À plusieurs reprises, la série mobilise une rhétorique féministe qui critique les attentes opprimantes qui pèsent sur les femmes. C'est le cas par exemple du deuxième épisode de la première saison, dans lequel Miranda s'agace :

MIRANDA : *The advantages given to models and to beautiful women in general are so unfair, it makes me want to puke! We should just admit that we live in a culture that promotes impossible standards of beauty.*
CARRIE : *Yeah, except men think they're possible.*

Dans la VO, Miranda est révoltée et dénonce frontalement les standards de beauté inatteignables auxquels les femmes sont censées se conformer pour réussir. Carrie va dans son sens et souligne la complicité aveugle des hommes dans un système qui hiérarchise les femmes selon leur apparence physique. Le message de la version française est tout autre :

MIRANDA : Les avantages qui sont donnés aux mannequins et aussi aux belles femmes me dépassent tellement que je voudrais tout de suite être encore plus bête et plus moche !... Nous devrions juste admettre que nous vivons dans un monde où personne ne peut instaurer un nouveau standard de beauté.
CARRIE : Oui, nous n'avons pas à nous juger les unes les autres.

Disparues, la colère de Miranda et la remise en cause de la société et de la domination masculine. À leur place, de l'auto-détestation, et une responsabilité reportée sur les femmes et sur la rivalité qu'elles entretiendraient les unes avec les autres[103].

Pour Feral, toutes ces modifications introduites dans la version française sont délibérées : elles trahissent les suppositions des diffuseurs sur les attentes du public français, censé préférer des personnages féminins humbles, moins éduqués et, c'est mon interprétation, moins politisés. Feral suggère également une autre piste : celle d'un lien bien français entre antiféminisme et antiaméricanisme. Main dans la main, ces deux oppositions constitueraient un rempart de protection de la fameuse « exception culturelle française » dont les médias nous rebattent les oreilles : nous serions le pays de la séduction et des relations harmonieuses entre les sexes, à l'inverse des États-Unis, qui seraient eux gangrenés par le puritanisme et par des codes de séduction trop rigides et artificiels.

Lorsque M6 décide de diffuser *Ally McBeal* et *Sex and the City* dans sa saga « Les filles du mercredi », elle parie sur un « positionnement féminin », en espérant que la stratégie marketing sera fructueuse et permettra de capter de nouvelles parts d'audience. Mais à une époque où plus de 90 % des fictions audiovisuelles sont doublées en français, et étant donné les choix de traduction parfois contraires au discours développé dans la série, elle ne fait décidément pas le choix d'un positionnement *féministe*

– qu'elle remet en question allègrement, quand elle ne l'oblitère pas complètement. Si l'on considère que la plupart d'entre nous, spectatrices françaises, ont découvert la série en doublage sur M6, il faut alors imaginer que toute une génération de fans est passée à côté de la dimension ouvertement féministe de la série, pourtant bien présente dans la version originale.

Un (post-)féminisme générationnel

Bien qu'elle en adopte les codes, *Sex and the City* laisse de côté de manière assez frappante tout un pan du féminisme de troisième vague, qui pense la place des femmes racisées ou de classe populaire dans le mouvement et lutte contre les violences sexuelles, un sujet étonnamment absent de la série. D'un côté, elle présente des personnages féminins émancipés, célibataires et sans enfant, du moins pour une grande partie de la série, et passe haut la main l'amusant test de Bechdel, qui requiert qu'on trouve dans une fiction au moins deux personnages féminins, que ces personnages aient un prénom, et qu'elles parlent entre elles d'un autre sujet que de leur relation avec les hommes. Si les quatre amies parlent bien sûr de leurs conquêtes amoureuses, elles évoquent aussi leur carrière, leurs aspirations, leurs loisirs et leur vie sociale en dehors des hommes : le test est probant. D'un autre côté, les quatre héroïnes consacrent un temps considérable à chercher l'amour, essayer de le garder ou de le reconquérir, et dédient un temps encore plus considérable à des activités perçues comme superficielles et futiles, contraires aux aspirations féministes en ce qu'elles renforceraient les stéréotypes de genre, à savoir le shopping, l'épilation, les soins du visage, en somme le consumérisme à outrance sous toutes ses formes, et le bavardage. On peut y voir une réappropriation joyeuse et individualiste de marqueurs de la féminité décriés par la précédente génération de féministes : Carrie et ses comparses prennent plaisir à se maquiller, se pomponner, acheter des chaussures à talons à la hauteur et au prix exorbitants, et clament leur droit à ces plaisirs comme autant d'héritages du féminisme. On peut aussi le lire, selon la façon dont on se positionne, comme la marque d'une soumission aux injonctions à la beauté, à la jeunesse et à la minceur qui sont les fruits d'une société patriarcale exerçant un contrôle sur le corps des femmes et que les héroïnes croient naïvement « choisir », comme atteintes d'un terrible syndrome de Stockholm. Ce serait oublier néanmoins que la série elle-même met en lumière et dénonce, non sans humour, ces attentes qui pèsent sur le corps des femmes et viennent de l'extérieur, comme lorsque Charlotte se voit nonchalamment offrir une augmentation mammaire par un inconnu à Los Angeles (« *Let me buy you some boobs** », S3EP14) ou lorsque Samantha, déjà coutumière de quelques injections de Botox, se laisse convaincre par son chirurgien de faire un peeling facial. La peau

* « Laissez-moi vous payer des seins. »

brûlée, elle se présente à la soirée de lancement du livre de Carrie voilée de noir. Lorsque Carrie lui reproche son choix (et surtout le timing), Samantha se défend : « *Women shouldn't have to hide in the shadows because they've had cosmetic surgery, which society nearly demands of them** » (S5EP5).

Alors, *Sex and the City* : ode féministe radicale ou fiction dépolitisée et creuse ? La réponse se trouve sûrement quelque part entre ces deux pôles. C'est encore en cela que la série peut être lue comme emblématique du post-féminisme, en ce qu'elle travaille et interroge les tensions entre les idéaux politiques hérités du féminisme d'une part, les injonctions qui pèsent sur les femmes modernes de l'autre, et la complexité du monde réel et des aspirations individuelles des unes et des autres en prime. En bonne fiction post-féministe de son époque, *Sex and the City* essaye de concilier tant bien que mal « désirs féministes et désirs féminins[104] ». La série se présente alors comme « l'un des territoires de production et d'exploration du féminisme[105] », aux prises avec le contexte dans lequel elle s'inscrit. Elle reconnaît volontiers les héritages du mouvement pour les droits des femmes, mais ne cesse de présenter des personnages féminins imparfaits, qui oscillent encore entre leur désir de sortir des carcans étriqués du patriarcat et leur impression tenace qu'elles risquent de perdre quelque chose au change, confrontées

* « Les femmes ne devraient pas avoir à se cacher parce qu'elles ont fait une petite intervention, alors que c'est la société elle-même qui le leur réclame. »

à des injonctions sociales paradoxales. Carrie ne dit pas autre chose lorsqu'elle se demande dans l'épisode 10 de la saison 3 :

> *Since birth modern women have been told that we can do and be anything we want, be an astronaut, the head of an internet company, a stay-at-home mom. There aren't any rules any more. Choices are endless. […] But is it possible that we've gotten so spoiled by choices that we've become unable to make one? That part of us knows that once you choose something, one man, one great apartment, one amazing job, another option goes away? Are we a generation of women who can't choose […]*?*

Elle met le doigt sur les défis auxquels font face les femmes de sa génération, qui n'est plus celle des luttes féministes des années 1970. *Sex and the City* reflète ainsi la complexité de l'expérience féminine au tournant du XXIe siècle : il faut être libérée mais pas trop, être carriériste mais pas trop, être féminine mais pas trop… En 2020, Cynthia Nixon devient d'ailleurs la voix d'une

---

* « Dès leur naissance, on explique aux femmes modernes qu'elles peuvent faire et être tout ce qu'elles veulent, que ce soit astronaute, directrice d'une société d'internet, ou mère au foyer. Il n'y a plus de règles, et les choix sont infinis […]. Mais est-il possible que nous ayons été confrontées à tant d'options que nous soyons devenues incapables d'en choisir une, et qu'une partie de nous sache qu'une fois que nous avons choisi quelque chose, un homme, un appartement super, un boulot génial, nous sommes forcées de renoncer aux autres options ? Sommes-nous une génération de femmes incapables de se décider ? »

campagne de sensibilisation féministe qui met le doigt sur ces injonctions contradictoires (« *Be a Lady They Said* »). Le poème de Camille Rainville, lu par Nixon et mis en images, intime par exemple : « *Be a lady they said. […] Be pure. Be virginal. Don't talk about sex. […] Don't be a prude. Don't be so uptight. Have a little fun. Smile more. Pleasure men. Be experienced. Be sexual. Be innocent. Be dirty. Be virginal. Be sexy**. » L'essence de ce qu'on appelle le post-féminisme est précisément la négociation de ces injonctions contradictoires dans le discours et dans les pratiques, négociation qui mène forcément à des incohérences et à des déviations par rapport au dogme, dans la série comme dans la vie.

Le succès de la série à sa sortie tient probablement au fait qu'elle s'inscrit dans l'esprit du temps, que les questions qu'elle soulève semaine après semaine, et auxquelles elle offre une multitude de réponses possibles et de points de vue adoptables, sont des questions qui préoccupent alors de nombreuses femmes et jeunes filles aux États-Unis, en France et dans une bonne partie du monde. Vingt-cinq ans plus tard, on la regarde comme un bonbon vintage, produit de son temps, et on s'amuse des détails anodins qui marquent sa distance avec le présent : l'ordinateur de Carrie, un des premiers PowerBook de la marque Apple, alors en plein boom, les téléphones

* « Sois une femme, disent-ils. […] Sois pure. Sois vierge. Ne parle pas de sexe. […] Ne sois pas coincée. Détends-toi un peu. Amuse-toi. Souris davantage. Fais plaisir aux hommes. Sois expérimentée. Sois sexuelle. Sois innocente. Sois provocante. Sois vierge. Sois sexy. »

filaires plutôt que les portables, les scènes en *split screen* qui montrent les quatre amies en conférence téléphonique depuis ces mêmes téléphones filaires (S4EP8), ou encore la très grande réticence de Carrie à se créer une adresse e-mail (S4EP6).

Outre ces plaisirs nostalgiques – une émotion qui marque notre décennie actuelle, friande de programmes vintage en tout genre (en témoigne l'immense succès de séries comme *Stranger Things*) –, si *Sex and the City* reste si appréciée aujourd'hui, c'est aussi, justement, du fait de ce choix de l'ambiguïté et de son refus d'adopter une seule position claire et péremptoire, qui serait vectrice d'une autorité morale, sur les questions de société, de politique et de féminisme. Les thématiques qu'elle aborde entrent en résonance singulière avec l'actualité politique et sociale des années 2020. Comme les années 1980 avant elle, notre décennie est marquée par un nouveau *backlash* médiatique et politique à l'égard des acquis féministes. Aux États-Unis et ailleurs dans le monde, le droit à l'avortement est discuté, voire révoqué. On accuse les féministes d'être « extrémistes » et les victimes de violences, dont la parole s'est libérée ces dernières années, d'être des menteuses. En 2025, certains jugent que l'égalité femme-homme est désormais parfaitement atteinte et que le féminisme est obsolète – écho des discours que l'on entendait déjà à la fin des années 1980. D'autres, plus lucides, voient encore une multitude de combats à mener. Ces luttes se déclinent désormais au pluriel dans ce que l'on appelle parfois la quatrième vague du féminisme occidental, qui se déploie dans une multitude de branches différentes aux fondements et visées parfois compatibles, parfois contradictoires, entre matérialisme et féminisme *queer*, féminisme abolitionniste et féminisme sexpositif, féminisme néolibéral, féminisme intersectionnel ou féminisme radical.

En 2025, le terme « féministe » n'est plus un gros mot – il est même récupéré par l'industrie de la mode, qui l'affiche fièrement sur des tee-shirts hors de prix. Dior commercialise par exemple un tee-shirt « *We Should All Be Feminists* », citation tirée d'un discours de la féministe nigériane Chimamanda Ngozi Adichie, pour 750 euros pièce. Pourtant, le concept déchaîne encore les passions. C'est dans ce contexte de débats sur la place des femmes et du féminisme qu'il faut comprendre la résonance et le succès de la série, vingt-cinq ans après sa diffusion initiale. Comme les héroïnes de *Sex and the City* au tournant des années 2000, les femmes qui arrivent aujourd'hui à l'âge adulte font face à des injonctions dissonantes : sommées d'aimer leur corps avec leurs défauts, mais bombardées d'images de corps parfaitement retouchés sur les réseaux sociaux ; valorisées lorsqu'elles font preuve d'indépendance et d'ambition professionnelle, mais rappelées sans cesse à leurs fonctions reproductrices, au temps qui passe et à leur horloge biologique ; informées sur les différences massives de charge mentale et émotionnelle[106], de travail domestique[107] et de profit financier entre les hommes et les femmes dans les couples hétérosexuels[108], mais menacées de finir seules avec leurs chats si elles n'acceptent pas de faire des concessions.

Malgré le positionnement ambigu des créateurs de la série, *Sex and the City* est pour moi une série résolument féministe, tant dans sa focalisation sur des personnages féminins émancipés des lois du mariage et de la reproduction que dans les thématiques qu'elle n'a de cesse d'interroger et d'explorer au long de ses six saisons. *Sex and the City* est, à l'instar de beaucoup de ses comparses prises dans la tourmente post-féministe, aussi féministe qu'elle pouvait l'être étant donné les contraintes économiques et le médium sur lequel elle était diffusée : son féminisme libéral, célébration d'un consumérisme débridé et d'un *empowerment* individuel parfois dépolitisé, est celui qui répond le mieux aux attentes économiques de la télévision, peu à même de porter un propos féministe radical sans risquer de s'aliéner toute une partie du public.

Et si Candace Bushnell estime que la série n'était finalement « pas très féministe », les actrices principales de la série, elles, vont dans mon sens. Reçue par Kristin Davis dans le podcast *Are You a Charlotte?*, Cynthia Nixon se souvient :

> Pendant une interview, un journaliste nous a demandé si on pensait que c'était une série féministe, et toutes les quatre… on lui aurait sauté à la gorge. On a dit : « Mais évidemment que c'est une série féministe ! […]

On est toutes féministes, c'est une série féministe ! » [...] Quoi, parce qu'on porte du rouge à lèvres et des talons, ce n'est pas féministe ? Qu'est-ce qui ne va pas chez vous ?

CHAPITRE 6

Une série *has been* ? Héritages et ruptures

Lorsqu'elle est lancée sur HBO en 1998, *Sex and the City* fait l'effet d'un pavé dans la mare. Les critiques sont unanimes : jamais auparavant on n'avait osé représenter des femmes parlant aussi librement de sexe et de leurs relations sans lendemain avec des hommes. Certains n'en croient pas leurs yeux, criant tantôt à l'irréalisme, tantôt à l'atteinte à la pudeur. D'autres, au contraire, crient au génie. Que reste-t-il de ces émois vingt-cinq ans plus tard, dans un paysage télévisuel profondément transformé, aux fictions plus diverses, plus osées, plus ouvertement féministes et engagées ?

Pionnières et héritières

Dans un New York idéalisé, à n'importe quelle heure du jour ou de la nuit, en baskets (rarement) ou en talons de 12 centimètres (souvent), Carrie marche. Elle marche parce qu'elle n'a pas d'argent pour le taxi, parce que cela lui permet de réfléchir ou au contraire de ne pas penser (dans *And Just Like That*, pour oublier la mort de Mr. Big, elle se lève au beau milieu de la nuit et marche des heures sans s'arrêter). Elle déambule dans la ville, au mépris des dangers qui guettent une femme seule passé une certaine heure. Une fois seulement, en plein jour, un voleur pointe son arme sur elle et exige qu'elle lui donne son sac baguette Fendi et ses Manolo Blahnik. Ce qui la frappe le plus, dans l'expérience, semble être le côté *fashionista* du criminel (S3EP17). Très vite, elle retourne à sa routine habituelle : elle pérégrine, elle flâne. Le mot n'est pas choisi au hasard : en 2020, dans *Le Regard féminin. Une révolution à l'écran*[109], Iris Brey identifie la flâneuse comme une figure emblématique du *female gaze*. Par sa présence active dans l'espace urbain, longtemps pensé comme territoire masculin, la flâneuse contrevient aux codes genrés et aux restrictions sociales qui cantonnent la femme à l'espace domestique. Carrie en est une manifestation moderne, mais ses aînées, celles qui lui ont ouvert la voie, se cachent partout dans la littérature, dans le cinéma, dans les séries. Les similarités qu'elles présentent avec *Sex and the City* sont parfois troublantes.

Bien avant le *backlash* des années 1980, avant même la promotion d'un idéal domestique mortifère dans les années 1950, il existe bien des périodes où la figure de la femme célibataire, libre, évoluant dans la ville a le vent en poupe, à des années-lumière des images de vieilles filles pathétiques auxquelles la fin du siècle nous habituera. Notre Carrie puise son inspiration dans cette tradition-là. Son arrière-arrière-grand-mère pourrait bien être Carrie

Meeber, l'héroïne du roman *Sister Carrie* de Theodore Dreiser, paru en 1900, et qui suit cette femme originaire du Midwest qui vient s'installer à la ville, Chicago d'abord, New York ensuite. La ressemblance onomastique semble trop belle pour être une coïncidence[110].

Carrie Bradshaw a deux grands-mères honoraires dans le champ littéraire : l'une est mentionnée directement dans la série, l'autre est l'autrice d'un livre dont le titre ressemble, à quelques mots près, à celui de la série. La première, Erica Jong, écrit des romans érotiques féministes, dont le plus connu est *Fear of Flying* (*Le Complexe d'Icare*, 1973). Carrie lui fait un sort peu heureux dans un de ses monologues (« *Politics had always seemed as relevant to me as a new Erica Jong novel** », S3EP2). Pourtant, les ressemblances entre l'héroïne de *Sex and the City* et celle du *Complexe d'Icare* sont frappantes. La narratrice, Isadora Wing, est une autrice new-yorkaise prolifique qui s'interroge sur les mœurs modernes et interpelle régulièrement ses lecteurs sur des sujets de société, à la manière de Carrie dans sa chronique et dans les faces caméra des débuts de la série. Dans *Le Complexe d'Icare*, la question centrale est la même que celle du pilote de la série : une femme peut-elle faire l'amour comme un homme et être heureuse ?

La seconde grand-mère est à l'origine d'un énorme best-seller des années 1960 : *Sex and the Single Girl*, par

---

* « La politique n'[a] jamais eu pour moi plus d'intérêt qu'un roman de Barbara Cartland. » Une substitution pas tout à fait appropriée, puisque Cartland s'attira les foudres du mouvement des droits des femmes pour ses propos antiféministes.

Helen Gurley Brown. Le titre de la chronique de Bushnell et celui de la série lui rendent évidemment hommage. Dans son ouvrage *Sex and the City*, Deborah Jermyn, qui relève la filiation, hésite à qualifier cet essai de féministe, et on la comprend. Gurley Brown invite par exemple ses lectrices à profiter de leurs années de célibat tout en leur prodiguant des conseils pour ne pas compromettre leurs chances de se marier un jour – en faisant attention à garder la ligne, par exemple[111]. Pour autant, l'essai s'inscrit dans la lignée des mouvements féministes de deuxième vague en faisant la part belle à l'épanouissement sexuel des femmes et en insistant sur le lien entre liberté sexuelle et indépendance financière – deux facteurs que célébreront trente-cinq ans plus tard les quatre amies de *Sex and the City* dans leur consumérisme débridé et leurs vies sexuelles animées. Helen Gurley Brown deviendra elle-même par la suite rédactrice en chef du magazine féminin *Cosmopolitan* (US), prédécesseur et modèle peut-être pour Candace Bushnell à la ville et pour Carrie à l'écran.

À la télévision, une armada de personnages de femmes indépendantes traversent la jungle urbaine que fouleront ensuite Carrie, Miranda, Charlotte et Samantha. Parmi elles reviennent le plus souvent les héroïnes de *That Girl* (ABC, 1966-1971), *The Mary Tyler Moore Show* (CBS, 1970-1977) et *Rhoda* (CBS, 1974-1978). Succès d'audience aux États-Unis, ces séries sont inconnues en France. Lorsque *Sex and the City* voit le jour, elle est donc loin d'être la première, en réalité, à proposer une réflexion sur les défis que posent le célibat, la modernité et la ville aux femmes du XXe siècle. Mais ses prédécesseurs sont bien souvent oubliées, effacées de la mémoire collective au profit d'un récit qui ferait de *Sex and the City* une pionnière en son genre. Ce qui est vrai dans le contexte américain l'est encore plus en France, où ces trois séries n'ont pas été diffusées. C'est tout un héritage historique qui reste inconnu des spectateurs et spectatrices français et cela explique peut-être que *Sex and the City* ait été considérée comme « une vraie bombe » dans le paysage audiovisuel français. La filiation littéraire, elle, est sans doute un tantinet plus présente à l'esprit des spectatrices les plus âgées : le roman d'Erica Jong, *Le Complexe d'Icare*, publié chez Robert Laffont, connaît de nombreuses rééditions. Celui de Brown en revanche, paru chez Stock sous le titre *Quitte ou double. Sex and the single girl* (1963), n'atteindra jamais en France la popularité qu'il connut aux États-Unis.

Amnésie générationnelle ou stratégie marketing réussie, il n'en reste pas moins que *Sex and the City* est perçue comme une petite révolution au moment où elle sort. La marque qu'elle laisse dans la pop culture et dans le champ télévisuel est indélébile. Sans *Sex and the City*, beaucoup des fictions à succès qui ont inondé nos écrans n'auraient pas vu le jour : l'engouement qu'elle provoque prouve aux publicitaires frileux qu'une série qui cible en premier lieu un spectatorat féminin peut attirer un très grand public et connaître un succès commercial retentissant. À sa suite, les chaînes parient plus volontiers sur des fictions féminines, quitte à tomber parfois dans la pâle copie. En 2000, ABC développe par exemple *Talk to Me*, une sitcom qui suit une animatrice radio essayant de se remettre d'une rupture « comme un homme », c'est-à-dire en couchant avec des hommes sans avoir de sentiments pour eux. L'intrigue évoque bien sûr le pilote de *Sex and the City*, mais le succès escompté est loin d'être au rendez-vous : la série est arrêtée après cinq épisodes seulement.

Parmi les héritières couronnées par la critique, on compte bien sûr *Desperate Housewives* (ABC, 2004-2012), dont le créateur, Marc Cherry, ne cache pas ses sources d'inspiration. Au début des années 2000, il annonce vouloir écrire « un *Sex and the City* [qui] rencontre *Six Feet Under*[112] ». La focalisation sur un groupe d'amies, qui représentent chacune un archétype, ne manque pas d'évoquer *Sex and the City*. Dans l'introduction de l'ouvrage *Welcome to Wisteria Lane*, Evany Thomas fait le lien : « Si les héroïnes de Wisteria Lane devaient faire un quiz "Quelle fille de *Sex and the City* es-tu ?" [...] Edie découvrirait qu'elle est une Samantha, Susan apprendrait qu'elle est une Carrie, Bree serait une Charlotte, et Lynette une Miranda[113]. » La filiation est limpide. Ici, il faut replacer néanmoins une dernière référence télévisuelle, à laquelle *Sex and the City* empruntait déjà : celle du quatuor des *Golden Girls*, chacune avec leur personnalité et leurs spécificités, inspiration pour Darren Star... mais aussi pour Marc Cherry. Ce dernier avait travaillé durant deux ans comme auteur et producteur sur *Golden Girls*, que Evany Thomas surnomme « la grand-mère de toutes les séries basées sur un quatuor féminin[114] ». *Sex and the City* et *Desperate Housewives* partagent certaines similarités amusantes : séries féminines pensées pour un Audimat féminin, entre drame et comédie, rapport ambigu au féminisme, sensibilité *camp* insufflée par, à leur tête, des *showrunners* gay... Elles se distinguent aussi par des différences notoires : de ton, de décors, mais aussi de modèles féminins, puisque les héroïnes de *Desperate Housewives* sont des femmes qui, loin d'être des célibataires urbaines essayant de « tout avoir », ont fait le choix contraire de renoncer à leur travail et d'élever leurs enfants à plein temps.

Sex and the City ouvre aussi la voie à des programmes encore plus de niche, et encore plus osés, qui n'auraient à mon sens jamais pu exister sans elle. Au début des années 2000, Showtime, concurrente directe de HBO, lance deux séries ouvertement LGBTQ+ : d'abord *Queer as Folk* (2000), puis *The L Word* (2004). Les deux programmes partagent de nombreux points communs avec *Sex and the City* : leur focalisation sur des groupes d'amis plutôt que sur une famille, leur ancrage dans le milieu urbain (Pittsburgh pour la première, Los Angeles pour la seconde) et un goût prononcé pour tout ce qui a trait à la sexualité dans ses moindres détails. *Sex and the City* leur prépare le terrain de bien des manières : elle repousse les frontières du dicible à la télévision, incorpore des personnages gay à un moment où la question est encore épineuse, montre qu'une série adressée à une niche de spectateurs peut rencontrer un franc succès – et que cibler les publics *queer* peut donc aussi s'avérer lucratif. En revoyant l'épisode dans lequel Charlotte intègre un temps sa clique de « *power lesbians** » (S2EP6), on ne peut s'empêcher de penser que *Sex and the City* jette les bases d'un *spin-off* dans lequel le quatuor Carrie, Miranda, Samantha et Charlotte serait remplacé par ce groupe de lesbiennes ultra-chics, aux métiers influents et à la pointe de la mode, qui se retrouvent tantôt dans les galeries d'art, tantôt chez G-Spot, le bar lesbien tendance du moment. Ce que *Sex and the City* a touché du doigt, *The L Word* nous le livre sur un plateau quelques années plus tard, en nous faisant plonger dans le quotidien d'une bande d'amies lesbiennes qui se retrouvent quasi quotidiennement pour se raconter leurs frasques sexuelles et amoureuses. Les équipes marketing derrière la promotion de la série ne s'y trompent pas. Le slogan de la première saison, placardé sur les affiches et sur la pochette DVD : « *Same Sex, Different City* ». Un jeu de mots habile sur le titre de la série HBO, cette fois en version « *same sex* », c'est-à-dire homosexuelle.

Mais la série dont on nous martèle qu'elle est « la nouvelle *Sex and the City* » arrive quelques années plus tard, chez HBO à nouveau. Il s'agit de *Girls*, diffusée à partir de 2012 et créée cette fois par une femme, Lena Dunham. Dans la presse, au moment de la sortie de la série, impossible pour *Girls* d'échapper aux rapprochements constants avec *Sex and the City* – toutes, *absolument* toutes les critiques publiées sur *Girls* évoquent la série de Star, que

* « Lesbiennes puissantes ».

ce soit pour en souligner l'héritage ou au contraire pour la mettre à distance. Tout cela en dépit des tentatives de HBO et de la production de ne surtout pas attirer les comparaisons[115]. En réalité, Dunham anticipe le parallèle et s'en amuse : dans le pilote de la série, elle intègre une référence à *Sex and the City* sous la forme d'un pied de nez. Shoshanna – que ses intonations montantes et tics de langage marquent comme écervelée – accueille chez elle sa cousine Jessa et lui demande son avis sur la décoration. Sur le mur de la chambre, un énorme poster de *Sex and the City*. Jessa, plus âgée, plus expérimentée, et infiniment plus cool que Shoshanna, répond qu'elle n'a jamais vu ce film – et semble ignorer qu'il s'agit d'une série. Inconcevable pour Soshanna, qui se lance dans une réponse douloureusement longue pour déterminer si Jessa est plutôt une Carrie ou une Samantha. La filiation est reconnue, mais immédiatement transformée en figure repoussoir.

Par moments et par certains aspects, il est vrai que *Girls* ressemble à *Sex and the City*. La série repose sur un quatuor féminin évoluant dans le New York actuel, avec chacune leur caractère distinct : la carriériste et cynique Marnie (Miranda). La blonde sexuellement libérée Jessa (Samantha), la brune naïve Shoshanna (Charlotte) et Hannah, apprentie écrivaine autocentrée et imparfaite (Carrie). Néanmoins, la série se distingue de *Sex and the City* de bien des manières. L'une est glamour, l'autre est abrasive et sans fard. L'une montre des femmes accomplies, l'autre des vingtenaires un peu paumées. Les filles de *Girls* évoluent dans un univers bien plus sombre que celles de *Sex and the City* et le regard qu'elles portent sur le monde est souvent désabusé. L'esthétique est plus lugubre, les décors dans les tons bruns et gris ; la ville est sale ; les personnages plus durs, plus acerbes, et surtout beaucoup moins affables. Hannah et ses amies sont antipathiques à dessein, comme débarrassées d'une injonction à la perfection et à l'optimisme à toute épreuve.

Plutôt que sa nouvelle version, *Girls* devrait-elle être vue comme l'anti-*Sex and the City* ? Pour moi, elle en est surtout l'héritière directe, réactualisée en version génération Y. Comme sa prédécesseur, *Girls* est traversée par les héritages du féminisme et l'ère post-féministe, un matériau de base qu'elle travaille d'une tout autre manière, beaucoup plus critique, sans pouvoir s'en extraire tout à fait néanmoins. Dans *Girls*, les idéaux d'*empowerment* par l'accomplissement individuel ont bien été assimilés par les héroïnes, mais ils tendent à l'égocentrisme, voire à l'égoïsme crasse. L'amitié féminine souffre des jalousies et rancœurs accumulées par les unes et les autres, et le sexe, qu'on a vendu aux jeunes femmes comme un outil de libération et d'épanouissement, se révèle incroyablement gauche, décevant, voire franchement désagréable. Le constat est amer, mais les personnages ne semblent pas pour autant parvenir à sortir de l'impasse que constituent ces promesses d'épanouissement qui n'aboutissent pas : la faute peut-être aux modèles mensongers – à la *Sex and the City* ? – qu'on leur a donnés jusque-là. La série se présente donc comme une interrogation contemporaine, menée par une nouvelle génération de femmes (« *I think I may be* *the voice of my generation** », clame Hannah dans le pilote), de l'expérience féminine aux prises avec des injonctions contradictoires. Ni « nouvelle » ni « anti », *Girls* est en revanche résolument post-*Sex and the City.*

Ces séries qui ont mal vieilli

Dernier point commun entre *Girls* et *Sex and the City*, et pas des moindres : au moment de sa sortie en 2012, *Girls* s'attire les foudres des commentateurs pour son flagrant manque de diversité raciale et ethnique, dans un New York où les minorités africaines-américaines, hispaniques et asiatiques constituent pourtant la majorité de la population. Elle fait la même erreur que *Sex and the City* quatorze ans avant elle, en se focalisant sur un groupe de femmes blanches, aisées et hétérosexuelles qui semblent évoluer dans un monde parallèle marqué par l'entre-soi, ignorant tout des réalités sociales de la Grosse Pomme.

Et c'est là que le bât blesse : pour toute révolutionnaire qu'elle se dise être, *Sex and the City* offre pourtant une perspective très étriquée sur l'expérience féminine à l'orée du XXIe siècle. Déjà vivement critiquée à ce sujet à l'époque de sa sortie, elle est harponnée par les relectures contemporaines de la série, souvent sévères, qui la réévaluent à l'aune des évolutions sociales et politiques des trois dernières décennies. *Sex and the City* est loin d'être la seule fiction des années 1990 à être soumise à l'épreuve

---

* « Je pense être, en toute objectivité, le porte-parole de ma génération. »

du feu : ces dernières années, les articles remettant en question le progressisme de séries chéries des années 2000 se multiplient. On y dénonce les manquements de *Buffy contre les vampires*, *Friends* ou *How I Met Your Mother* en matière de discours et de représentations. Peu remarquées ou du moins sciemment ignorées au moment de leur diffusion initiale, certaines intrigues sont désormais passées au peigne fin. Grossophobie, transphobie et homophobie latente complètent par exemple l'absence notoire, chez *Friends* aussi, de personnages racisés dans le tableau du malaise.

Sex and the City n'est pas exempte de points aveugles et d'arcs problématiques : outre le discours parfois réactionnaire qu'elle tient sur des questions de genre et de sexualité, le reproche qui lui est le plus souvent adressé est celui de son absence totale de prise en compte des questions raciales et de classe. Les rares fois où elle s'en empare, elle le fait avec une telle maladresse qu'on préférerait finalement qu'elle s'abstienne. Au revisionnage, la saison 3 se présente comme un concentré remarquable d'épisodes ayant particulièrement mal vieilli – reflet d'une *writers' room* assez insensible, sans doute, aux questions de genre et de race. La saison rassemble ainsi l'épisode au traitement problématique de la bisexualité (S3EP4), celui insultant à l'égard des travailleuses du sexe trans (qui d'ailleurs sont des femmes racisées, S3EP18), mais aussi un épisode dans lequel Samantha entame une histoire avec un homme noir, Chivon (S3EP5). Chivon est le frère d'Adeena, présentée en voix off comme une amie de Carrie (l'amie noire qu'on ne reverra jamais…) qui travaille comme cheffe dans un restaurant à la mode. Samantha, immédiatement séduite par Chivon, fait une remarque à son sujet que Charlotte trouve déplacée, parce que teintée de fétichisme raciste : « *You shouldn't talk like that, it's rude, and politically incorrect**. » Carrie lui répond : « *Sweetie, a reminder: Samanta is rude, and politically incorrect***. » Une pirouette bien pratique qui permet aux scénaristes de se dédouaner de toute offense potentielle dans l'intrigue qui va suivre. Samantha déclare alors d'un ton péremptoire : « *Precisely. I don't see color, I see conquest****. » Cette affirmation très apolitique ne devrait pas surprendre quiconque connaît Samantha – après tout, elle annonce très sérieusement quelques épisodes plus tôt que son vote aux présidentielles se base essentiellement sur le sex-appeal du candidat (S3EP2).

La réplique est en revanche assez emblématique du rapport de la série et de ses créateurs aux questions raciales : si on fait semblant de ne pas les voir, alors elles n'existent pas, et le racisme non plus. *Sex and the City* hérite pourtant d'une imagerie raciste que par certains endroits elle perpétue, peut-être inconsciemment. Dans la boîte de nuit que possède Chivon, fréquentée par des personnes racisées, la peau claire, le tailleur doré et les cheveux blonds de Samantha détonnent. Tandis qu'elle s'avance dans la foule, les hommes qui l'entourent lui

* « Il ne faut pas parler comme ça, Samantha, c'est grossier, et politiquement incorrect. »

** « C'est normal, Samantha est grossière et politiquement incorrecte. »

*** « Exactement ! Je ne regarde pas la couleur, mais la qualité. »

jettent des regards appréciatifs. Si la voix off indique « *Samantha felt perfectly at home in Chivon's world** », le visuel dit tout autre chose : l'image de la femme blanche seule au milieu d'une foule d'hommes noirs qui la regardent ravive des stéréotypes racistes ataviques qui font de l'homme noir un prédateur sexuel, une menace pour la femme blanche, même pour Samantha, dont la propre sexualité débordante est implicitement présentée comme incapable de rivaliser avec celle de ces hommes. Étant donné la prégnance de cet imaginaire aux États-Unis (le film *The Birth of a Nation*, qui repose en partie sur ce stéréotype, est encore aujourd'hui considéré comme un chef-d'œuvre du septième art et enseigné dans les cursus universitaires en cinéma), on s'étonne du choix de mise en scène opéré ici. Si Samantha – et les scénaristes à travers elle – déclare qu'elle « ne voit pas les couleurs », la suite de son idylle avec Chivon lui donne tort. Très vite, le couple interracial, grand tabou de la représentation à l'écran, doit être dissolu. Cela ne peut pas venir de Samantha, très éprise de Chivon. Cela viendra donc d'Adeena, à qui la série fait endosser le rôle de la femme noire en colère, un stéréotype qui colle à la peau des femmes africaines-américaines. La jeune femme s'oppose à la relation de son frère avec Samantha avec véhémence : Samantha est blanche, et Adeena est mal à l'aise à l'idée que son petit frère s'engage avec une femme qui ne connaît rien de l'expérience

* « Au bout de quelques minutes, Samantha était parfaitement à l'aise dans l'environnement de Chivon. »

de la communauté noire. Samantha refuse d'écouter sa mise en garde – et les deux femmes finiront par se battre au milieu de la boîte de nuit après s'être copieusement insultées. Samantha semble soudainement avoir recouvré la vue quand elle assène le coup final à Adeena : « *Get your big black ass out of my face**. » Hurlée au milieu d'une foule noire, la réplique ne passe pas. Pour autant, Samantha ne sera pas inquiétée pour sa sortie raciste. Pour une fois que la série s'attaque au sujet pourtant bien pertinent des préjugés racistes dans le domaine des relations amoureuses et sexuelles, elle choisit de le faire sous l'angle problématique du « racisme anti-Blancs » dont Samantha serait victime. Les héroïnes retournent ensuite à leur monde amoureux exclusivement blanc jusqu'à ce que Miranda, dans la saison 6, rencontre le docteur Robert Leeds. Là encore, à y regarder à deux fois, l'arc narratif développé pose question quant au traitement fétichisant – et donc raciste – du personnage de Leeds. Quand Miranda tombe amoureuse de Robert, elle sort d'un marathon d'une série à laquelle elle est complètement addicte, *Jules and Mimi*, qui relate l'histoire d'amour de Mimi, une femme blanche (et rousse), et son voisin Jules, un homme noir. On est en droit de se demander donc si son attirance pour Robert ne relève pas d'un fantasme du couple interracial, d'une projection qui lui a été impulsée par une série, plutôt que d'un réel intérêt pour la personnalité du médecin.

---

* « Mais sûrement pas avec ton gros cul de négresse. » La version française va plus loin dans la terminologie raciste que ne le fait la version originale.

L'histoire de Miranda et Robert sera de courte durée, marquée par une fin gênante, puisque Miranda a insisté auprès du syndic pour que Robert soit le nouveau voisin de l'immeuble. Lorsqu'elle le croise dans l'escalier malgré toutes ses tentatives d'évitement, il est encore amer de la rupture et lui répète les mots qu'elle prononçait au lit avec lui : « *Robert, oh! No man has ever been in this deep** » – jouant subrepticement sur un autre stéréotype racial, anatomique cette fois-ci (S6EP13).

Hormis ces deux tentatives très maladroites, le monde de la série reste obstinément blanc. Jermyn remarque que, si on la cherche bien, il existe en réalité une diversité raciale et ethnique à l'écran, mais que ces personnages sont toujours relégués dans les marges (ils sont tous très secondaires) et le plus souvent dans des rôles de service : le conducteur de taxi qui doit écouter les doutes de Charlotte sur l'anal, les esthéticiennes qui font des pédicures, Sum, la domestique d'un amant de Samantha, Jesus, le gardien de son immeuble, ou encore Magda, la gouvernante ukrainienne de Miranda[116]… En ce sens, la série reflète la ségrégation sociale implicite de l'espace new-yorkais : les Blancs en haut de la pyramide, à des postes de banquier, journaliste, directeur des relations presse, les autres à leurs pieds et à leur service. Pour une série qui se targue d'être à la pointe de la modernité, cet effacement des minorités est tout de même décevant.

---

* « Oh Robert ! Tu sais, personne n'est jamais entré aussi loin en moi. »

Vue de la Gen Z : l'irréconciliable fossé ?

Sur la toile ces dernières années, à l'occasion de la rediffusion de la série sur diverses plateformes de streaming, la presse en ligne s'interroge : *Sex and the City* plaira-t-elle, aujourd'hui, aux jeunes de la génération Z ? Les journalistes de *Vanity Fair*, *Glamour UK* ou la *BBC*[117] conjecturent beaucoup, imaginent tout ce qui pourrait déplaire à la jeune génération, optent pour le « non », mais tendent globalement peu leur micro ou leur stylo aux premiers concernés. Un seul article s'attaque frontalement au problème. Publié dans *The Independent*, il donne les rênes à Brittany Miller, vingt-deux ans, et promet en en-tête de « révéler exactement ce qu'elle – et sa génération – pense de la série[118] ». L'extrapolation de l'opinion d'une personne à toute une cohorte d'âge est osée. Le verdict de Miller est néanmoins sans appel : *Sex and the City* n'est pas seulement « vieillotte », elle est aussi « gênante » – ou encore mieux, « malaisante », si l'on veut reprendre un néologisme à la mode. Rapidement, l'article fait le tour de la toile. Les fans de la série s'en offusquent, attaquent en retour la génération Z, trop fragile, trop woke, trop à l'affût de la petite bête… et tout cela autour d'une flopée de suppositions montées en épingle. En somme, beaucoup de bruit pour rien. C'est finalement sur les forums qu'on prend le mieux le pouls de ce que pense la Gen Z de cette série, qui ne la découvre d'ailleurs peut-être pas tout à fait : sur TikTok, les clips de la série pullulent depuis plusieurs années (un indice, déjà, de son succès auprès des plus jeunes générations). En l'occurrence, le retour est plutôt positif : plusieurs utilisateurs et utilisatrices confient avoir regardé la série plusieurs fois, s'identifier à certains des personnages ou être épatés par la liberté de ton de la série – dont ils peinent à trouver des équivalents dans la production contemporaine.

Les journalistes qui essaient de prédire la réception contemporaine de la série s'inquiètent : la génération Z, supposément plus prude que les générations précédentes, va-t-elle rejeter en bloc une série qui parle autant de sexe ? La critique Alaina Demopoulos, elle-même membre de la Gen Z, n'y voit pas un obstacle majeur : au contraire, si la généralisation est vraie, alors cela redorera le blason du personnage de Charlotte, le moins plébiscité par la génération précédente, qui la trouvait trop prude dans un contexte de libération sexuelle[119]. D'autres thématiques de *Sex and the City* sont susceptibles de capter l'attention de la Gen Z et de la garder. Demopoulos rapporte par exemple que, selon un sondage du *Washington Post*, 55 % de la génération Z et des millennials placent l'amitié avant l'amour romantique dans la liste de leurs priorités. À ceux-là, il ne fait aucun doute que la série parlera.

Bien sûr, les spectatrices et spectateurs d'aujourd'hui ont quelques réserves – à mon sens légitimes. Certaines concernent des sujets évoqués plus haut : le racisme ordinaire de la série, son traitement problématique des sexualités non hétéronormées. *Sex and the City* est une série de son temps, marquée par les idées de son époque. Pour toute précurseur qu'elle soit, elle est aussi rétrograde sur certains sujets, qui méritent volontiers qu'on s'y attarde. Ce processus de réévaluation culturelle permet, pour *Sex and the City* comme pour n'importe quelle œuvre, de réfléchir à l'impact que des représentations qui véhiculent des préjugés racistes, sexistes, homophobes ou discriminatoires peuvent avoir sur le public. Apprécier une œuvre ne veut pas dire s'empêcher d'adopter un regard critique sur elle, et il me semble qu'on peut tout à fait pointer du doigt ses manquements et garder à l'esprit qu'une série produite il y a trente ans charriera forcément son lot de défauts, vue depuis notre monde d'aujourd'hui.

Un reboot pour corriger le tir ?

En 2020, Michael Patrick King annonce qu'il travaille, avec trois des actrices originales, à un *spin-off* de *Sex and the City*. L'heure est à la mode des *reboots* en tout genre à la télévision américaine, et la série de HBO ne fait pas exception. L'occasion pour la production de prendre à bras-le-corps les critiques formulées contre le programme dans les années 2000 et de revoir sa copie. Le contexte socio-politique est alors diamétralement différent du contexte de diffusion original. En 2016, l'élection de Trump à la présidence des États-Unis met au premier plan ces questions – entre autres – de genre, le nouveau président s'étant fait remarquer pendant la campagne par ses sorties sexistes décomplexées (« *When you're a star [...] you can do anything. Grab' em by* *the pussy*[*] »). Il est accusé par plusieurs femmes de harcèlement, voire de violences sexuelles. Les féministes craignent pour les droits des femmes sous la présidence Trump – et elles ont raison. En 2022, la Cour suprême, à laquelle siègent plusieurs juges nommés par Trump, vote l'abrogation de la protection du droit à l'avortement sur le territoire états-unien. En outre 2020 fut l'année du meurtre de George Floyd, Africain-Américain, par un policier blanc. L'évènement rappelle à tous la persistance du racisme systémique dans la société américaine et mène au réveil du mouvement Black Lives Matter aux États-Unis et partout dans le monde.

Dans l'industrie du divertissement aussi, l'heure est au grand réveil des consciences : en 2015, le mouvement OscarsSoWhite est créé pour protester contre l'invisibilisation des réalisateurs, acteurs, producteurs racisés dans l'industrie du cinéma. Cette année-là, sur la vingtaine de nommés aux Oscars, pas une seule personne non blanche. Depuis, l'académie s'est engagée à promouvoir la diversité dans le cinéma en imposant notamment des quotas aux films pour pouvoir être sélectionnés dans la course aux Oscars. L'année suivante, Hollywood est secoué par les révélations du *New York Times* quant aux agissements du producteur Harvey Weinstein, mondialement connu, accusé d'avoir profité de sa position dominante pour violer quantité de jeunes actrices et travailleuses de l'ombre. La

---

[*] Littéralement : « Quand tu es une star, [...] tu peux faire tout ce que tu veux. Tu peux les attraper par la chatte. »

riposte s'organise sous la forme du mouvement MeToo, qui invite les femmes à témoigner des violences sexuelles qu'elles ont vécues et fait prendre conscience de l'ampleur du problème.

Impossible, dans ce contexte, de produire une série qui serait entièrement aveugle aux enjeux de race et de classe comme avaient pu l'être les programmes de la fin des années 1990. L'Amérique est entrée dans une phase de polarisation du débat politique sans précédent, et l'heure n'est plus à l'ambiguïté ou à l'apolitisme. On attend des fictions qu'elles prennent position sur les sujets de société. La posture post-féministe de la série originale ne tient plus : il faut adopter une position claire si l'on veut espérer séduire le public. Il ne s'agit même plus d'être ouvertement féministe, le degré zéro de la prise de conscience politique : le féminisme contemporain est intersectionnel et doit prendre en compte l'expérience des femmes des classes populaires, des femmes *queer*, des femmes racisées, et non plus se limiter à un féminisme libéral *girlboss* qui ne concerne, en réalité, que les femmes blanches aisées.

C'est ce qu'essaye maladroitement de faire *And Just Like That*, diffusée à partir de janvier 2021 sur HBO Max. Avant même le lancement de la série, partout dans la presse, on nous fait la promotion de la nouvelle *writers' room* en insistant sur sa diversité : plus de profils racisés, plus de profils *queer*, pour garantir une focale plus large que la série originale[120]. Dans le *spin-off*, Charlotte, Miranda et Carrie, désormais quinquagénaires, se voient chacune flanquées d'une nouvelle amie racisée, respectivement Lisa Wexley, riche mère au foyer africaine-américaine, Nya Wallace, professeure de droit à l'université Columbia, et Seema Patel, puissante agente immobilière indienne-américaine, qui viennent élargir le casting de base de la série. Carrie a abandonné le format papier pour se lancer dans le podcast. Elle représente la voix des « femmes cisgenres » dans « *XY and Me, the podcast that talks about gender roles, sexual roles and cinammon roles** » (S1EP1). Carrie est accompagnée de deux co-animateurs qui viennent compléter cette galerie de personnages secondaires : Jack Nee, un trentenaire de descendance asiatique un peu lubrique, et Che Diaz, comique latino-américain non binaire en charge des « *woke moments*** », courts inserts où iel rappelle que le consentement, c'est important, et que le genre s'étend sur un continuum plutôt qu'entre deux pôles.

Si ces descriptions semblent un peu caricaturales et poussives, c'est que ces personnages le sont. L'arrivée de profils plus divers dans le monde de la série semble tomber comme un cheveu sur la soupe, et ce malgré la promesse d'une équipe de scénaristes moins homogène qui devrait donc mener à des récits plus authentiques. C'est qu'en réalité Michael Patrick King, désormais quinquagénaire lui-même, reste aux commandes et a le dernier mot sur toutes les intrigues qui seront développées dans la série. S'agit-il d'un manque de bonne volonté de sa

---

* « XY et moi, le podcast qui vous parle de rôles de genre, de rôles sexuels et de rollmops. »

** « La minute woke ».

part ou d'une réelle incompréhension des enjeux portés par les nouvelles générations de féministes et d'activistes anti-racistes ? Il en reste pas moins que le pari n'est pas franchement réussi. L'inclusion des personnages racisés, et en particulier de Lisa, Nya et Seema, semble complètement artificielle : leurs personnages sont peu développés, et leur histoire ne nous parvient que par le prisme de leur relation avec Carrie, Miranda et Charlotte. Elles n'existent, en quelque sorte, qu'à travers et par les trois héroïnes blanches, et on peine à s'attacher à leurs personnages. La mayonnaise ne prend pas.

Côté thématiques abordées, les trois héroïnes s'efforcent de s'informer et de comprendre les questions de société brûlantes : Miranda, éveillée aux enjeux antiracistes par Black Lives Matter, quitte son travail pour retourner sur les bancs de la fac suivre un master en droits de l'homme. Charlotte, bonne élève, lit religieusement les auteurs et autrices africains-américains – suggérés par le *New York Times*. Carrie, quant à elle, se demande si porter un sari à la fête indienne à laquelle elle a été invitée est de l'appropriation culturelle ou de l'appréciation culturelle. Si elles essayent de se tenir au courant de l'esprit du temps, les trois amies de *Sex and the City* semblent le plus souvent complètement dépassées par ce nouveau climat politique : malgré tous leurs efforts, elles multiplient les gaffes et les maladresses.

Dans le premier épisode du *spin-off*, Miranda s'humilie publiquement en faisant une remarque maladroite sur la coupe afro de Nya, sa nouvelle professeure de droit, sous le regard réprobateur des autres étudiants, bien plus jeunes et politisés qu'elle (on le devine à leurs couleurs de cheveux fantasques… pour remettre une dose de caricatural). Lorsqu'elle rapporte l'anecdote à Carrie, elle se désole d'avoir été le stéréotype de « *the white lady who couldn't stop saying the word Black** », puis ajoute : « *I was just so worried about saying the wrong thing this in this climate***. » La réplique semble traduire les inquiétudes des scénaristes eux-mêmes. Paradoxalement, le message que transmet la série est assez conservateur : dans ce nouveau contexte socio-politique, il serait à la fois très important de ne pas être (ou du moins paraître) raciste et à la fois complètement impossible d'atteindre cet objectif tant le moindre mot serait susceptible d'être mal interprété.

Lors d'une journée d'étude à Aix-en-Provence en 2022, j'ai proposé une intervention sur *And Just Like That* et évoqué cette scène, qui me semblait symptomatique des défauts du *reboot* : le conflit Miranda/Nya, créé de toutes pièces, est artificiel et mal écrit, les dialogues sont lourds, et les personnages utilisés à contre-emploi. Je n'arrive pas à comprendre comment Miranda, qui a toujours été la plus éduquée des quatre, se retrouve à jouer ce personnage empoté, incapable de s'exprimer correctement alors qu'elle est censée être une avocate accomplie et donc maîtriser un tant soit peu l'art oratoire. Pendant la pause déjeuner, Kim Akass, chercheuse féministe anglaise qui

* « La femme blanche qui arrêtait pas de répéter le mot “Noir”. »

** « J'avais tellement la trouille de pas dire ce qu'il fallait étant donné le climat actuel. »

a publié, parmi d'autres ouvrages, le premier livre universitaire sur *Sex and the City*, me rattrape. Elle me confie s'être beaucoup reconnue dans l'évolution du personnage de Miranda et ne trouve pas du tout que la scène que j'ai sauvagement attaquée plus tôt est absurde ou irréaliste. Pour elle, qui doit avoir l'âge des trois héroïnes, elle fait vibrer une corde sensible : difficile, même pour une féministe invétérée, même quand on a à cœur de bien faire, de se tenir à la page des luttes du moment, de ne pas se sentir dépassée par les évènements, de ne pas céder à la peur de dire sans faire exprès quelque chose qui risque d'être mal interprété. Cette conversation me marque, parce qu'elle me fait changer de perspective sur le *reboot*, me donne une nouvelle tendresse pour ces personnages un peu perdus. Peut-être que ce que je prenais pour du mépris pour les enjeux antiracistes, voire pour une stratégie commerciale hypocrite d'inclusion de ces thématiques pour se faire bien voir, n'est en réalité qu'une très grande maladresse d'une équipe de production elle-même dépassée par la nouvelle génération d'activistes.

Si *And Just Like That* échoue dans ses tentatives de rendre son propos plus intersectionnel sur des questions ethniques, elle me ravit en revanche dans un arc narratif qui me tient particulièrement à cœur : celui de la découverte par Miranda de son identité *queer*. Dans les premières saisons de la série originale, Miranda est codée comme *queer* et a pu être lue comme telle par le public de l'époque. Ses cheveux courts, son cynisme envers les hommes et sa garde-robe masculine constituent autant d'indices d'une éventuelle sortie de l'hétérosexualité, très vite contenue et limitée par le récit. Dès la saison 1, elle est prise par erreur pour une lesbienne par un de ses collègues, qui lui arrange un rencard avec Syd, l'une de ses amies. Miranda, d'abord déçue et vexée, se prête finalement au jeu et invite Syd à jouer au couple avec elle pour s'infiltrer dans un des dîners donnés par le patron de son cabinet d'avocats (S1EP3). Au terme de la soirée, Miranda tente même d'embrasser Syd dans l'ascenseur. Le baiser ne semble pas la convaincre et elle déclare, avec une pointe d'amertume : « *Yep. Definitely straight**. » La voix off de Carrie confirme la déception : « *Miranda cursed her heterosexuality*** », mais la suite de la série n'explorera plus cette possibilité d'une Miranda *queer*. À partir de la saison 3, elle arbore un vestiaire résolument plus féminin, et son histoire d'amour et son mariage avec Steve entérinent pour un temps son hétérosexualité. Le *reboot* corrige le tir, avec brio cette fois, en proposant une liaison entre Miranda et Che, collègue de Carrie sur le podcast. La découverte par Miranda de son identité *queer* à cinquante-cinq ans fait souffler un vent nouveau sur les représentations LGBTQ+, qui mettent le plus souvent en scène des personnages dans la fleur de l'âge, au paroxysme de leur capital séduction. Pour moi, dont Miranda a toujours été le personnage préféré, le lesbianisme de l'avocate est une évidence, et pas du tout un

* « Ouais, j'suis vraiment hétéro »

** « Miranda maudissait son hétérosexualité »

twist narratif ou une déviation par rapport au personnage tel qu'on le connaît : son homosexualité potentielle avait toujours été là en germe dans le texte. Il faut dire aussi que, pendant la diffusion de la série originale, la réalité était venue télescoper la fiction : Cynthia Nixon fait elle-même son coming out en 2004, à l'âge de trente-huit ans, quelques mois seulement avant la fin de *Sex and the City*. Si, bien entendu, le fait qu'une actrice soit *queer* ne veut pas dire qu'elle doit être cantonnée à jouer des personnages non hétérosexuels, il n'en reste pas moins que le coming out de Nixon semblait ouvrir la voie à une Miranda qui n'était finalement pas si résolument hétérosexuelle que ça. La redécouverte par Miranda de sa sexualité à l'aune de sa nouvelle identité *queer* est à mon sens l'un des aspects les plus réussis de *And Just Like That*, et là où la série ressemble le plus à son aînée. L'arc narratif fournit certaines des scènes les plus efficaces et *Sex and the City*-esques du *reboot*, comme le moment extrêmement cocasse où Che amène Miranda jusqu'à l'orgasme en la touchant dans la cuisine d'une Carrie groggy après son opération de la hanche (S1EP5). Carrie, alitée et incapable de se mouvoir seule jusqu'aux toilettes, doit subir la bande-son de cette interaction sexuelle tout en urinant dans une bouteille de thé glacé. Son « *Oh my God* » de soulagement répond à celui de l'orgasme de Miranda dans un point d'orgue très réussi. Dans l'épisode suivant, Miranda raconte la scène à Charlotte, qui, fidèle à elle-même, ne comprend pas ce retournement de situation (et d'orientation sexuelle) soudain (« *Use whatever words you want, but you spent your* *whole life with men. You're married to a man. And now you're suddenly having non-binary sex**? »). Attaquée sur son adultère, Miranda se défend : « *It's the most alive I have felt in years***! » Charlotte livre une réplique savoureuse, qui me semble être pile dans le ton de la série originale : « *A finger made you feel alive****?! » (S1EP6). Dans la saison suivante, *And Just Like That* repousse des frontières inexplorées par *Sex and the City*, en montrant par exemple à l'écran un gode-ceinture, que Miranda a tout le mal du monde à enfiler. Pour toutes ces scènes et d'autres encore, le virage *queer* que le *reboot* prend avec le personnage de Miranda m'enchante tant il me rappelle les premières heures de la série.

Sex and the City, série *has been* ? Pour moi, la réponse est un non franc. Si la série continue d'être massivement regardée, parodiée et partagée sur la toile, c'est que les thématiques qu'elle aborde et les personnages qu'elle développe résonnent encore aujourd'hui avec le public, qu'il soit constitué de jeunes vingtenaires consommant la série comme un objet vintage ou de femmes de générations précédentes qui, comme moi, se régalent de visionnages en revisionnages de découvrir de nouveaux points d'intersection entre leurs vies et celles de Miranda, Carrie, Charlotte et Samantha. En revoyant la série en

---

* « Tu peux te raconter ce que tu veux, mais tu as passé toute ta vie avec des mecs. Tu es mariée à un mec. Et là tout à coup, t'as une relation non binaire ? Non mais c'est dingue ! »

** « Ça faisait des années que je m'étais pas sentie aussi vivante. »

*** « T'es revenue à la vie en un claquement de doigts ? »

intégralité à trente-trois ans, soit à peu près l'âge qu'ont les héroïnes dans la série, je suis frappée de voir à quel point les questions que se posent les quatre amies sur les relations amoureuses, sur le sexe ou sur l'amitié restent éminemment actuelles. À l'heure où j'écris ces lignes, la saison 3 du *spin-off* est sur le point d'être diffusée. Nul doute qu'elle apportera son lot d'intrigues maladroites et gênantes, qui feront grincer des dents le public et généreront mille commentaires acerbes en ligne. Nul doute non plus qu'elle s'efforcera de repousser de nouvelles limites dans la représentation des femmes à l'écran – après tout, sa simple mise en scène d'un groupe de femmes quinquagénaires fait d'elle, à nouveau et vingt-cinq ans après la toute première diffusion, un ovni dans un paysage télévisuel qui relègue encore bien souvent les femmes d'âge moyen aux marges du récit[121]. Des territoires à explorer et des frontières à repousser, *And Just Like That* en a encore beaucoup. Alors, définitivement, « *long live* Sex and the City ».

NOTES DE FIN

1. Jennifer Keishin Armstrong, *Sex and the City and Us. How Four Single Women Changed the Way We Think, Live, and Love*, Simon & Schuster, 2018, p. 18.
2. Deborah Jermyn, *Sex and the City*, Wayne State University Press, 2009, p. 23.
3. Bambi Haggins et Amanda D. Lotz, « Overview: At Home on the Cutting Edge », dans Gary R. Edgerton et Jeffrey P. Jones (dir.), *The Essential HBO Reader*, The University Press of Kentucky, 2008, p. 162.
4. Les « bips » qu'on a coutume d'entendre pour masquer les mots grossiers sur les *talk shows* ou lors de retransmissions de cérémonies proviennent des réglementations de la FCC. À titre de comparaison avec notre paysage télévisuel français, Séverine Barthes qualifie la FCC de « sorte de CSA aux pouvoirs plus étendus ». Barthes, « Production et programmation des séries télévisées », dans *Décoder les séries télévisées*, dirigé par Sarah Sepulchre, De Boeck Supérieur, 2017, p. 53.
5. Voir à ce sujet la thèse de Benjamin Campion, « Nudité frontale et sexe explicite dans les séries télévisées de HBO : entre beaux-arts, pornographie et cinéma d'auteur », sous la direction de Sarah Hatchuel et Ronan Ludot-Vlasak, soutenue à l'université Paul-Valéry-Montpellier-3 en 2021 ; Benjamin Campion, *HBO et le porno : raconter des histoires par le sexe*, Presses universitaires François-Rabelais, 2022.
6. « Central to HBO's Definition of Original Programming is its Promotion of the TV Auteur », dans Kim Akass et Janet

McCabe, « Six Feet Under », dans Edgerton et Jones, *op. cit.*, p. 71.

7. Darren Star, interview pour le Museum of Television and Radio and Radio Seminar Series : *Sex and the City* (MTR [NYC] recording ref T : 78429/059596), 2001, cité dans Jermyn, *Sex and the City*, *op. cit.*, p. 20.

8. Armstrong, *op. cit.*, p. 81.

9. Darren Star, interview, *op. cit.*, citée dans Jermyn, *Sex and the City*, *op. cit.*, p. 21.

10. Benjamin Campion, *Le Concept HBO : élever la série télévisée au rang d'art*, Presses universitaires de Tours, 2022.

11. Gary R. Edgerton, « Introduction » dans Edgerton et Jones, *op. cit.*, p. 9.

12. Michael Patrick King, interview pour le Museum of Television and Radio Seminar Series : *Sex and the City* (MTR [NYC] recording ref T : 78429 / 059596), 2004, cité dans Jermyn, *Sex and the City*, *op. cit.*, p. 22.

13. Brian Henderson, « Romantic Comedy Today: Semi-Tough or Impossible? », *Film Quarterly*, vol. 31, n° 4, automne 1979.

14. Tom Grochowski, « Neurotic in New York: The Woody Allen Touches in *Sex and the City* », dans Kim Akass et Janet McCabe, *Reading Sex and the City*, I. B. Tauris, 2004, p. 149-160.

15. Armstrong, *op. cit.*, p. 69.

16. Glen Creeber, *Serial television: Big Drama on the Small Screen*, British Film Institute, 2004.

17. Voir par exemple Beatriz Oria, « Television to the Rescue of Romantic Comedy: "Sex and the City's" Revitalisation of the Genre at the Turn of the Millennium », *The International Journal of Inderdisciplinary Social Sciences*, vol. 5, n° 11, 2011, p. 127-138 ; Beatriz Oria, *Talking Dirty on Sex and the City: Romance, Intimacy, Friendship*, Rowman & Littlefield, 2014 ; Sonia Saraiya, « *Sex and the City* and the Slow Death of the Romantic Comedy », *Vanity Fair*, 6 juin 2018.

18. Jermyn, *Sex and the City*, *op. cit.*, p. 21.

19. Voir notamment Robert J. Thompson, *Television's Second Golden Age. From Hill Street Blues to ER*, Syracuse University Press, 1996 ; Alexis Pichard, *Le Nouvel Âge d'or des séries américaines,* Le Manuscrit, 2011.

20. Michael Patrick King, interview pour le Museum of Television and Radio Seminar Series: Sex and the City, cité dans Jermyn, *Sex and the City*, *op. cit.*, p. 17.

21. Frank Krutnik, « The Faint Aroma of Performing Seals: the "Nervous Romance" and the Comedy of the Sexes », *The Velvet Light Trap*, n° 26, 1990, p. 57-72 ; Steve Neale et Frank Krutnik, *Popular Film and Television Comedy*, Routledge, 1990.

22. Beatriz Oria, *Talking Dirty on Sex and the City*, *op. cit.*, chap. 1.

23. Tamar Jeffers McDonald, *Romantic Comedy: Boy Meets Girl Meets Genre*, Wallflower Press, 2007.

24. Eva Illouz, *La Fin de l'amour. Enquête sur un désarroi contemporain*, trad. Sophie Renault, Seuil, 2020, p. 19.

25. Rose Stokes, « If Carrie and Big Really Have Split, I'm Glad Because He's Toxic », *Grazia*, 22 juillet 2021 ; Meehika Barua, « Carrie & Mr. Big Show How Toxic "Endgame" Relationships Can Be », *Bustle*, 9 décembre 2021 ; Violaine Schütz, « Sex and the City : pourquoi Mr. Big est ultra problématique », *Aufeminin.com*, 10 août 2021.

26. Armstrong, *op. cit.*, p. 189-190.

27. Sara Nathan, « Candace Bushnell: "Sex and the City wasn't feminist, Mr. Big isn't worth it", *The New York Post*, 16 octobre 2021. »

28. À ce sujet voir notamment : Vladimir Lifschutz, *This is the end : Finir une série TV*, Presses universitaires François-Rabelais, 2018 ; et Florent Favard, *Écrire une série TV : La promesse d'un dénouement*, Presses universitaires François-Rabelais, 2019.

29. Celestino Deleyto, « The Comic, the Serious and the Middle: Desire and Space in Contemporary Film Romantic Comedy », *Journal of Popular Romance Studies*, octobre 2011.

30. Judith Duportail, *Dating Fatigue : amours et solitudes dans les années (20)20*, Éditions de l'Observatoire, 2021.

31. Victoire Tuaillon, *Le Cœur sur la table*, Binge Audio Éditions, 2021 ; Mona Chollet, *Réinventer l'amour : comment le patriarcat sabote les relations hétérosexuelles*, La Découverte, coll. « Zones », 2021 ; Coral Herrera Gómez, *Révolution amoureuse. Pour en finir avec le mythe de l'amour romantique*, Binge Audio Éditions, 2021.

32. Aline Laurent-Mayard, *Post-romantique*, JC Lattès, 2024.

33. Armstrong, *op. cit.*, p. 98.

34. Noël Carroll, « Consuming Passion: Sex and the City », *Revue internationale de philosophie,* vol. 4, n° 254, 2010, p. 525-546.

35. Angela McRobbie, « Post-Feminism and Popular Culture », *Feminist Media Studies*, vol. 4, n° 3, 2004, p. 255-264 ; Rosalind Gill, « Postfeminist Media Culture: Elements of a Sensibility », *European Journal of Cultural Studies*, 2007, vol. 10, n° 2, p. 147-166.

36. Voir par exemple : Mary Evans, *Love: an Unromantic Discussion,* Polity Press, 2003 ; ou Zygmunt Bauman, *Liquid Love: On the Frailty of Human Bonds*, Polity Press, 2003.

37. Pierre Bourdieu, *La Distinction*, Les Éditions de Minuit, 1979.

38. Diane Negra, « "Quality Postfeminism?" Sex and the Single Girl on HBO », *Genders,* 1er avril 2004.

39. On pense à *That Girl* (ABC, 1966-71), *The Mary Tyler Moore Show* (CBS, 1970-1977) ou *Rhoda* (CBS, 1974-1978). Pour plus d'informations à ce sujet voir Katherine J. Lehman, *Those Girls: Single Women in Sixties and Seventies Popular Culture*, University Press of Kansas, 2011.

40. Interview for the Museum of Television and Radio Seminar Series: Primetime's hot addresses: The imagination of Darren Star (MTR [NYC] recording ref T : 80657 / 060818), 2004, cité dans Jermyn, *Sex and the City*, *op. cit.*, p. 60.

41. Alex Kuczynski, « View; Dear Diary: Get Real », *The New York Times*, 14 juin 1998, cité par Armstrong, *op. cit.*, p. 11, https://www.nytimes.com/1998/06/14/style/view-dear-diary-get-real.html

42. « *Its portrait of the desperation of the over-30 single woman* », Steve Johnson dans le *Chicago Tribune*, cité dans Armstrong, *op. cit.*, p. 99.

43. Ron Simon, « Sex and the City », dans Edgerton et Jones, *op. cit.*, p. 234.

44. Armstrong, *op. cit.*, p. 99.

45. Emily Nussbaum, « Difficult Women. How "Sex and the City" Lost Its Good Name », *The New Yorker*, 22 juillet 2013.

46. Armstrong, *op. cit.*, p. XVII.

47. Deborah Jermyn, « In love with Sarah Jessica Parker: celebrating female fandom and friendship in *Sex and the City* », dans Kim Akass et Janet McCabe, *Reading* Sex and the City, *op. cit.*, p. 201-218.

48. Ien Ang, *Watching Dallas: Soap Opera and the Melodramatic Imagination*, Routledge, 1982 ; Julie D'Acci, *Defining Women: Television and the Case of Cagney and Lacey*, University of North Carolina Press, 1994.

49. Jermyn, « In Love With Sarah Jessica Parker », *op. cit.*, p. 208.

50. « The Most Unrealistic Part of *Sex and the City* Was the Friendship » dans *Cosmopolitan US* ; « Sex and the City Lied to Me – Being an Adult is Lonely » dans *Medium* ; « Do BFFs on TV Give Women Unrealistic Expectations of Friendship ? » dans *New Statesman* ; « The Core "Friend Group" Is a Myth – and It's Making Us Feel Bad About Ourselves » dans *Self.*

51. Jan Hoffman, « Dressing Carrie, Right Down to Those Manolos », *The New York Times*, août 2003.

52. Amy Sohn, *Sex and the City. Kiss and Tell*, Simon & Schuster, 2004, p. 20.

53. Hoffman, « Dressing Carrie », *op. cit.*

54. Anna König, « *Sex and the City*: a fashion editor's dream ? », dans Akass et McCabe, *op. cit.*

55. Voir par exemple Alyssa Morin, « Emily Ratajkowski Recreates Carrie Bradshaw's Iconic Newspaper-Print Dress », *E! News*, 15 septembre 2022 ; Laura Hawkins, « EmRata Just Found the 2023 Equivalent of Carrie Bradshaw's Newspaper-Print

Dress », *British Vogue*, 14 avril 2023 ; ou encore Amy De Klerk, « Kim Kardashian West Channels Carrie Bradshaw in Vintage Newspaper-print Dior », *Harper's Bazaar*, 12 juin 2019.

56. Candice Mellot, 2, février 2022.

57. Max Merlinger, « Sex and the City was an All-Time Menswear Show », *GQ*, 10 décembre 2021.

58. Amy Sohn, *op. cit.*, p. 29.

59. Propos recueillis par Amy Sohn pour *Sex and the City: Kiss and Tell*, p. 67-69.

60. Deborah Jermyn, « In Love With Sarah Jessica Parker », *op. cit.*

61. Voir notamment les travaux d'Angela McRobbie, *op. cit.*

62. Stella Bruzzi et Pamela Church Gibson, « "Fashion is the fifth character": fashion, costume and character in *Sex and the City* », dans Akass et McCabe, *op. cit.*

63. Laura Mulvey, « Visual Pleasure and Narrative Cinema », *Screen*, vol. 16, n° 3, octobre 1975, p. 6-18.

64. Gabriel Girard, « VIH/sida, l'épidémie qui a révolutionné la sexualité ? », *Rhizome*, vol. 2, n° 60, 2016, p. 5-6.

65. Cité dans Armstrong, *op. cit*, p. 58.

66. https://solidarites.gouv.fr/sites/solidarite/files/2023-01/flyer_lutte_pornographie_hd.pdf

67. Sarah Hepola, « Her Favorite Class: "Sex" Education », *The New York Times*, 22 juin 2003, cité dans Armstrong, *op. cit.*, p. 165.

68. Anne Jarrell, « The Face of Teenage Sex Grows Younger », *The New York Times*, 2 Avril 2000, cité dans Armstrong, *op. cit.*, p. 165.

69. R. Ochs, « Rise in STDs blamed on "the whole *Sex and the City* thing": Increase in partners among young women putting them at risk, doctors say », *Ottawa Citizen*, 21 avril 2004, cité dans Jensen & Jensen, « Entertainment Media and Sexual Health: A Content Analysis of Sexual Talk, Behavior, and Risks in a Popular Television Series », *Sex Roles*, vol. 56, 2007, p. 275-284.

70. Jensen & Jensen, *op. cit.*

71. Laurie Mintz, « The orgasm gap and why women climax less than men », *The Conversation*, 15 août 2023.

72. Boston Women's Health Collective, *Our Bodies, Ourselves*, New England Free Press, 1970.

73. Eve Ensler, *Les Monologues du vagin*, trad. Lili Sztajn, Denoël, 2021.

74. Armstrong, *op. cit.*, p. 56.

75. Mulvey, *op. cit.*

76. Sophie Chadelle, « Pour une approche multimodale, interdisciplinaire et féministe de la traduction audiovisuelle : le cas des identités et sexualités féminines dans Sex and the City (HBO, 1998-2004) », thèse de doctorat soutenue en 2023 à l'université Toulouse-2-Jean-Jaurès, dirigée par Nathalie Vincent-Arnaud et David Roche, p. 365 et suivantes.

77. Mintz, *op. cit.*

78. King, Interview pour le Museum of Television and Radio, *op. cit.*, cité par Jermyn, *op. cit.*, p. 49.

79. Le titre pourrait être traduit par « La Femme indocile. Les genres du rire ».

80. Joey Soloway, « The Female Gaze », master class donnée en 2016 au Toronto International Film Festival (TIFF).

81. Armstrong, *op. cit.*, p. 56.

82. Campion, *HBO et le porno : raconter des histoires par le sexe*, *op. cit.*, respectivement p. 20, p. 73 et p. 98.

83. Sohn, *op. cit.*, p. 37.

84. Louis Staples, « Carrie Bradshaw Has Always Been a Terrible Prude », *Rolling Stone*, 3 août 2023.

85. Jane Gerhard, « *Sex and the City.* Carrie Bradshaw's Queer Postfeminism », *Feminist Media Studies*, vol. 5, n° 1, 2005, p. 37-49 ; Akass et McCabe, *Reading* Sex and the City, *op. cit.* ; Chadelle, *op. cit.*

86. Jermyn, « In Love With Sarah Jessica Parker », *op. cit.*

87. Suzanna Danuta Walters, *All the Rage: The Story of Gay Visibility in America*, University of Chicago Press, 2001, p. 155.

88. Céline Morin, *Les Héroïnes de series américaines*, Presses universitaires François-Rabelais, 2017, p. 204.

89. James Alan Frutkin, « The Return of the Show That Gets Gay Life Right », *The New York Times*, 6 janvier 2002, cité dans Armstrong, *op. cit.*, p. 164.

90. Armstrong, *op. cit.*, p. 196.

91. Amanda D. Lotz, « Introduction: Female-Centered Dramas after the Network Era », *Redesigning Women: Television after the Network Era*, University of Illinois, 2006.

92. Astrid Henry, « Orgasm and empowerment: *Sex and the City* and the third wave feminism », dans Akass et McCabe, *Reading* Sex and the City, *op. cit.*, p. 65-82 ; Gerhard, *op. cit.*

93. Susan Faludi, *Backlash : la Guerre Froide contre les femmes*, traduit de l'anglais par Lise-Eliane Pommier, Evelyne Châtelin et Thérèse Réveillé, Éditions des Femmes, 1993 (1991) ; Angelo McRobbie, *op. cit.* ; Tania Modleski, *Feminism Without Women. Culture and Criticism in a « Postfeminist » Age*, Routlege, 1991.

94. Rachel Moseley et Jacinda Read, « "Having It Ally": Popular Television (Post) Feminism », *Feminist Media Studies*, vol. 2, 2002, cité par Morin, *op. cit.*, p. 94.

95. Amanda D. Lotz, « Postfeminism Television Criticism: Rehabilitating Critical Terms and Identifying Postfeminist Attributes », *Feminist Media Studies*, vol. 1, 2001, p. 105.

96. Jennifer Baumgardner et Amy Richards, *Manifesta: Young Women, Feminism, and the Future*, Farrar, Straus and Giroux, 2000, p. 83.

97. Anne-Lise Feral, « Gender in audiovisual translation: Naturalizing feminine voices in the French *Sex and the City* », *European Journal of Women's Studies*, vol. 18, n° 4, 2011, p. 391-407.

98. Anne-Lise Feral, « Genre and Gender in Translation: The Poetological and Ideological Rewriting of Heroine-Centred and Women-Oriented Fiction », thèse de doctorat soutenue à l'université d'Édimbourg en 2009.

99. Chadelle, *op. cit.*, p. 320.

100. *Ibid.*, p. 252.

101. Feral, « Gender in audiovisual translation », *op. cit.*

102. Chadelle, *op. cit.*, p. 228.

103. Feral, « Genre and Gender in Translation », *op. cit.*

104. Moseley et Read, *op. cit.*, cité par Morin, *op. cit.*, p. 92.

105. *Ibid.*

106. Notamment grâce au travail de la bédéaste Emma, qui publie sur son blog « Fallait demander » en 2017 une BD massivement lue et repartagée qui popularise en France le concept de charge mentale, puis, sous format papier, *La Charge émotionnelle et autres trucs invisibles*, Massot Éditions, 2018.

107. Titiou Lecoq, *Libérées ! Le combat féministe se gagne devant le panier de linge sale*, Fayard, 2017.

108. Titiou Lecoq, *Le Couple et l'Argent : pourquoi les hommes sont plus riches que les femmes*, L'Iconoclaste, 2022.

109. Iris Brey, *Le Regard féminin : une révolution à l'écran*, Éditions de l'Olivier, p. 191.

110. Ashley Nelson, « Sister Carrie meets Carre Bradshaw: exploring progress, politics and the single woman in *Sex and the City* and beyond », dans Akass et McCabe, *op. cit.*, p. 83-95.

111. Jermyn, *Sex and the City*, *op. cit.*, p. 13.

112. Edgerton, *op. cit.*, p. 13-14.

113. Evany Thomas, « The Good of the Group », dans Leah Wilson (dir.), *Welcome to Wisteria Lane, on America's Favorite Desperate Housewives*, BenBella Books, 2005, p. 7, cité dans Marcucci Virginie, « Desperate Hosuewives : miroir tendu au(x) féminisme(s) américain(s) ? », thèse de doctorat soutenue en 2010 à l'université François-Rabelais, Tours, sous la direction de Georges-Claude Guilbert, p. 140.

114. *Ibid.*

115. Emily Nussbaum, « It's Different for "Girls" », *New York Magazine*, 23 mars 2012.

116. Jermyn, *Sex and the City*, *op. cit.*, p. 87.

117. Chris Murphy, « Can Gen Z Even Handle *Sex and the City?* », *Vanity Fair*, 1er avril 2014 ; Meg Walters & Charley Ross, « How are Gen-Z coping with *Sex and the City?* », *Glamour UK*, 5 avril 2024 ; Laura Martin, « What will Gen Z make of *Sex And The City*, now it's on Netflix? », *BBC*, 2 avril 2024.

118. Brittany Miller, « I'm Gen Z watching *Sex and the City* for the first time. It's not just outdated, it's cringey », *The Independent*, 14 avril 2024.

119. Alaina Demopoulos, « *Sex and the City* is on Netflix. Perfect – gen Z are a bunch of Charlottes », *The Guardian*, 5 avril 2024.

120. Par exemple : Rosy Cordero, « "And Just Like That..." Cast & Writers On How Diversity Will Weave Throughout Season 1 Organically », *Deadline*, 9 décembre 2021.

121. Audrey Haensler, « "Sexy Sirens in their Sixties" Vieillir en (post-) féministe dans *And Just Like That...* », *Genres en séries*, vol. 17, 2024.

REMERCIEMENTS

Merci à Edith Daurenjou, mon éditrice, pour ses relectures précieuses, pour sa chasse sans relâche aux tournures trop alambiquées, et pour son accompagnement bienveillant tout au long de l'écriture.

Merci aux chercheuses qui m'ont précédée dans l'étude de *Sex and the City* et qui sont citées au long de cet ouvrage. Je remercie tout particulièrement Sophie Chadelle d'avoir accepté de m'envoyer son passionnant manuscrit de thèse, que j'espère voir publié très bientôt.

Merci à mes amies et amis pour leurs encouragements constants, pour leurs questions toujours pertinentes et pour tous les souvenirs de visionnage, les anecdotes et les analyses qu'ils m'ont livrés au fil des mois au sujet de *Sex and the City*. Par peur d'oublier des noms et parce que j'ai la chance d'être très bien entourée, je me garderai de toutes et tous les citer ici : toute ma gratitude va à celles et ceux qui peuplent joyeusement mes semaines, à la BnF, à la terrasse de cafés ou de bars, dans le cocon de nos appartements respectifs ou dans les notes vocales de mon téléphone.

Merci à Anne-Cha, dont le charme irrésistible dépasse selon moi de très loin celui de Mr. Big, pour sa patience et sa tendresse infinies dans l'ouragan qu'a été cette dernière année. Merci d'avoir apporté le parfait équilibre de douceur et de rire à mon quotidien quand j'en avais le plus besoin.

Enfin, un merci très spécial à Flo, mon meilleur ami, pour son soutien inestimable et indéfectible, pour les mille conversations qui ont jalonné ce processus de rédaction, et pour son expertise en matière de mode. Je lui dois l'entièreté du chapitre 3, rendu plus agréable à écrire grâce au souvenir de ses analyses partagées autour d'un (ou trois) verre(s) de rouge. Merci de rendre réelle l'amitié à laquelle *Sex and the City* m'avait toujours fait rêver.

TABLE DES MATIÈRES

Note de l'éditeur

Introduction

Chapitre 1
***Making of* d'une série culte**

« *It's not TV. It's HBO* » ... 22
L'art des séries télévisées ... 33
De la page à l'écran : les lois de l'adaptation ... 41

Chapitre 2
Série réactionnaire ou ode visionnaire à l'amitié ?

La poursuite de l'amour à tout prix ... 51
Un portrait sans fard de la scène amoureuse ... 61
Une approche consumériste des relations amoureuses ? ... 67
« Seule et fabuleuse ? » ... 80
« On dit que rien n'est éternel. Les rêves évoluent, les modes passent. Mais les amitiés ne se démodent jamais. » ... 100

Chapitre 3
Fashion and the City

Les papesses de la mode de *Sex and the City* : Patricia Field et Sarah Jessica Parker ... 112

Un impact tonitruant sur la mode 117
De l'art de transformer le vêtement en costume 123
La mode : machine à sous ou machine à fantasmes ? 137

Chapitre 4
« *Let's Talk About Sex, Baby* »

« *I did not have sexual relations with that woman, Ms. Lewinsky* » (Bill Clinton) 152
Focalisation sur le plaisir féminin 162
Repousser les frontières… mais jusqu'où ? 172
Une sensibilité *queer* ? 177

Chapitre 5
Une série féministe ?

« L'art du compromis » (S4EP9) 192
Cocorico antiféministe ? 197
Un (post-)féminisme générationnel 207

Chapitre 6
Une série *has been* ? Héritages et ruptures

Pionnières et héritières 217
Ces séries qui ont mal vieilli 227
Vue de la Gen Z : l'irréconciliable fossé ? 233
Un reboot pour corriger le tir ? 235

Notes de fin

Remerciements

#lisez! engagé
www.lisez.com
Pour plus d'information :
Imprimé sur du papier issu de forêts gérées durablement.

Achevé d'imprimer par
Normandie Roto Impression s.a.s. à Lonrai
N° d'impression : 2502467

Imprimé en France